Ein Jahr „Kreativpause" liegt hinter mir. Darum war ich jetzt doppelt fleißig und habe für Sie sage und schreibe 365 Tipps von der Kräuterhexe notiert, damit Ihnen die Lust am „Kräutern" nicht abhanden kommt.

Ich weiß, dass viele meiner Leser auf solch ein Buch schon lange gewartet haben, aber auch bei Kräuterhexen geht nicht alles mit „Hex, hex"!

Die vorliegenden Tipps sind alle sorgsam ausgesucht und zusammengestellt, damit Sie an 365 Tagen im Jahr Freude mit diesem Buch haben.

Ihre

Gabriele Bickel

Gabriele Bickel

Gabriele Bickel

365 Kräuterhexentipps

- mit der Kräuterhexe durchs Jahr
- Tees, Öle und Liköre

Kosmos

Inhalt

Inhalt

Inhalt

Frühling

Das neue Kräuterjahr steht vor der Tür. Damit Sie sich auf die neue Saison vorbereiten können, erfahren Sie wichtige Dinge über Vorkultur, Pflanzenbeschaffung, Gartenvorbereitung, zudem leckere Wildkräuterrezepte und wie Sie fit in den Frühling starten.

Gartentipps

Werkzeuge für den Garten

Die wichtigsten Geräte für die Arbeiten im Frühjahr sind mit Sicherheit der Spaten, die Grabegabel, der Rechen und eventuell der Unkrautstecher. Auch ein Krümler für die Vorbereitung der Saatbeete ist in vielen „Gartenhaushalten" anzutreffen. Im Idealfall müssen diese Geräte im Frühjahr lediglich entstaubt und „entspinnt" werden.

Vorkultur von Jungpflanzen

Viele Kräuter können bereits ab Ende Februar in Schalen und Kisten vorgezogen werden. Es gibt auch eigens dafür hergestellte Mini-Gewächshäuser. Wichtig ist soviel Licht und Wärme wie möglich, da die meisten Kräuter zu den Sommerfans gehören und nur bei genügend Sonne und Wärme wachsen und gedeihen. Zu früh sollte mit der Vorkultur jedoch nicht begonnen werden, denn bei einem Auspflanztermin im April/Mai kann es ganz schön eng hinter dem Fenster werden.

Frühjahrssaat abhärten

Sie sollten daran denken, dass die kleinen Pflänzchen, die hinter Glas gezogen werden, zum Teil noch bis Mitte Mai aufgepäppelt und umsorgt werden müssen. Damit sich Ihre Pflanzenbabys schon an das Klima außerhalb der Kinderstube gewöhnen können, sollten Sie ihnen an warmen Tagen einen stundenweisen Aufenthalt im Freien verordnen.

Saatgut & Jungpflanzen ordern

Wenn es notwendig wird, neues Saatgut bzw. Jungpflanzen von Kräuterstauden zu bestellen, sollten wir unsere Liste so früh wie möglich zusammenstellen. Viele Arten oder Sorten sind nur im Spezialpflanzenhandel zu bekommen und müssen verschickt werden. Je eher der Händler unsere Bestellliste in der Hand hat, um so eher kann er bei Bedarf nach-

Zu den wichtigsten Frühjahrswerkzeugen gehört die Grabegabel.

produzieren bzw. bestellen. Der Pflanzenversand findet häufig ab Mitte/Ende März bis Anfang Mai statt. „Wer zuerst kommt mahlt zuerst!“

Pflanzenhöhen beachten

Bei der Anlage eines Kräuterbeetes, eines Kräutertopfes oder eines ganzen Kräutergartens sollten wir auf jeden Fall die erwachsenen Ausmaße der einzelnen Kräuterstauden beachten. Grundsätzlich gilt, dass hohe Pflanzen eher in den Hintergrund eines Gartens oder in die Mitte eines Beetes gepflanzt werden. Das sieht nicht nur besser aus, es hat auch den Nutzen, dass ich bei der Ernte nicht zuerst über die hohen Exemplare steigen muss, um an die Minis zu kommen. Ein weiterer Grund für diese Aufteilung liegt in der eventuellen Schattierung. Große Kräuterstauden – und dazu gehören auch Lavendel und Salbei – nehmen niedrigen Pflanzen Licht, Luft und Feuchtigkeit, sodass diese über kurz oder lang verschwunden sein werden.

Prachtvoll streckt sich die Königskerze in die Höhe.

Kräutersamen verschenken

Eine nette Geschenkidee für Garten- und Kräuterfreunde ist ein postalischer Frühlingsgruß in Form von selbst gesammelten oder zusammengestellten Samenmischungen. Diese Mischungen können in Briefchen aus z. B. handgeschöpftem Papier oder selbst gestalteten Karten verschickt werden. Wir müssen jedoch darauf achten, dass es sich hierbei um leicht kultivierbare Pflanzen handelt, die darüber hinaus schnell keimen, denn sonst artet ein solches Geschenk in Arbeit aus und bewirkt genau das Gegenteil. Die Samen sollten gut getrocknet sein und als Aussaattermin das Frühjahr bzw. den Sommer haben.

Laubreste auf den Kompost

Die ersten warmen Tage des Jahres nutze ich, um im Garten aufzuräumen und um die Spuren des Winters behutsam zu beseitigen. Laubreste, die als Frostschutz auf den Beeten verblieben waren, werden nun auf den Kompost befördert.

Mit Kompost düngen

Meine Kräutergärten werden ausschließlich mit eigenem Kompost gedüngt. Bevor ich die Beete vorbereite, wird der Kompost mit dem Rechen von verbliebenen groben Pflanzenresten befreit und anschließend mit etwas Rindenhäcksel vermischt. Diese Mischung wird auf den Beeten verteilt und mit der Grabegabel leicht untergearbeitet.

Küchenkräuter-Gartenboden

Wenn Sie sich sowohl die heimischen Kräuter als auch die mediterranen Würzkräuter für die Verarbeitung in der Küche wünschen, so muss Ihr Kräutergarten zwei verschiedene Bodenbeschaffenheiten vorweisen: eine magere, trockene und sonnige Fläche und eine eher feuchte und gut mit Kompost versorgte. Je nach vorgefundener Bodenbedingung müssen Sie die fehlenden durch Einarbeitung von Sand und Kies bzw. Kompost und Humus erst schaffen.

Noch sieht sie etwas kahl aus …

Den Boden vorbereiten

Bevor ans Pflanzen und Säen gedacht werden kann, müssen zunächst die Beete vorbereitet werden. Mit Hilfe der Grabegabel oder mit einem Sauzahn wird der Boden gelockert. Nicht umgraben, damit die Bodenorganismen weiterhin für eine fruchtbare Krume sorgen können.

Kräuterspiralen-Boden

Das Prinzip der Kräuterspirale beruht darauf, auf relativ kleinem Raum (daher wird die Höhe mit einbezogen) eine große Vielfalt von Kräutern anbauen zu können. Das bedeutet jedoch auch, dass ich verschiedene Bodenqualitäten benötige. An der Spiralenbasis befindet sich häufig noch eine Wasserstelle, die mit Folie und eher toniger Erde versehen wird. Über „gemäßigte“ Zonen geht es dann über in den mageren und sandigen Teil (Spiralenspitze), sodass es durchaus vier bis fünf verschiedene Bodenqualitäten herzustellen gilt. Solche Arbeiten sind besonders gut im Februar/März vor der eigentlichen Pflanzzeit durchzuführen.

Kräuter für eine Saison

Die so genannten „Einjährigen“ werden ab März ausgesät. Dazu gehören Anis, Dill, Koriander, Bohnenkraut (Sommer-),

Will hoch hinaus – rote Kletterrose an Metallgerüst

Borretsch, Wurstmajoran, Ringelblumen, Kornblumen, Klatschmohn, Basilikumarten, Kerbel, Kapuzinerkresse, Kamille und andere. Regelmäßige Nachsaaten bis in den Sommer sorgen für Nachschub.

Kräuter-Neupflanzung

Mit der Neupflanzung einiger Kräuter kann schon sehr früh im Jahr begonnen werden. Zum Beispiel werden Thymian, Lavendel, Salbei, Majoran und Oregano bereits ab Februar als gut durchwurzelte Topfware angeboten. Wenn die Pflanzen in unseren Breiten vorkultiviert wurden, können Sie diese schon ab Ende Februar/Anfang März ins Freiland setzen. Sie müssen dann nur darauf achten, dass der Boden offen, d.h. nicht mehr gefroren ist. Die neu gepflanzten Kräuter bitte gut angießen, damit sie optimale Startbedingungen haben.

Kräuter als Sichtschutz

Eine ganze Reihe Heil- und Würzpflanzen eignen sich für die Kultur an einem Rankgerüst, um so in Riech- und Mundhöhe auch gleichzeitig als Sichtschutz zu dienen. Beliebte Kräuter für das „Ränkeschmieden“ sind Kapuzinerkresse, Bohnen, Jelängerjelieber, Hopfen, Erdbeeren, Efeu und nicht zu vergessen die verschiedenen Kletterrosenarten. Zu den nicht winterharten Rankpflanzen zählen die Passionsblume und der Sternjasmin.

Keimprobe von gelagertem Saatgut

Das Saatgut der verschiedenen Kräuter, in diesem Fall wird die Anzahl der Einjährigen überwiegen, kann über einen längeren Zeitraum oder unter ungünstigen Lagerbedingungen erheblich an Keimfähigkeit verlieren. Um diese zu prüfen führen wir eine Keimprobe durch. Das geht recht einfach: Eine bestimmte Anzahl Samenkörner wird auf feuchten Sand oder Vliespapier gegeben und mit Folie zugebunden. Nach einigen Tagen wird es „lebendig“ unter der Folie. Die Samen beginnen zu keimen (oder auch nicht!). Wieviel Prozent des Saatgutes noch keimt, können wir abzählen. Samenkörner, die nicht mehr keimen, dienen als Vogelfutter.

Direktaussaat mehrjähriger Kräuter

Die Aussaat mehrjähriger Kräuter wie Lavendel, Ysop, Königskerze, Petersilie, Fenchel, Staudenbohnenkraut, Liebstöckel oder Weinraute wird ab Ende April bis Anfang Mai direkt, d.h. an Ort und Stelle vorgenommen. Wichtig ist, das Saatgut bis zum Aufgehen feucht zu halten. Petersilie hat eine besonders lange Keimzeit, denn sie muss als Teufelskraut zuerst nach Rom und wieder zurück. Das kann sechs bis acht Wochen dauern.

Vermehrung durch Stecklinge

Auch als eingeschworener Kräuterfan kann es häufig vorkommen, dass man den Bedarf an Pflanzen unterschätzt. Nun gibt es die Möglichkeit diese käuflich zu erwerben oder selbst zu produzieren. Letztere ist die billigere Lösung und gar nicht so schwierig. Wichtig sind gesunde und kräftige Mutterpflanzen der mehrjährigen Kräuter, von welchen die einjährigen gut ausgebildeten Triebspitzen ca. 5 cm lang geschnitten werden. Die unteren Blätter werden entfernt und der schräg angeschnittene Steckling in Bewurzelungspulver und anschließend in einen Blumentopf mit Anzuchterde gesteckt. Der Topf wird mit Folie zugebunden und feucht gehalten. Ein Neuaustrieb der Minipflänzchen bedeutet, dass die Bewurzelung erfolgreich stattgefunden hat.

Zitronen-Melisse lässt sich mittels Spaten teilen.

Optimaler Kräuterstandort

Die meisten Kräuter wie Bohnenkraut bevorzugen eher magere Böden und vollsonnige Standorte. Ein dicht mit Bäumen und Hecken ausgestattetes Grundstück eignet sich eher nicht als Kräutergarten.

Kälteempfindliche Kräuter

Es gibt auch in der Kräuterfamilie, wie übrigens im wahren Leben auch, so manch Sensibelchen, das kälteempfindlich und heikel ist. Solche Exemplare müssen an geschützter Stelle, z. B. Hauswand oder Terrasse, ausgesät werden. Dazu gehören alle Basilikumarten, Thymian, Salbei, Geranien, Heiligenkraut, Koriander und Schafgarbe.

Kräuter für Mischkulturen

Viele Kräuter eignen sich für die Pflanzung in Mischkultur. Hier einige Beispiele der guten Nachbarschaft: Bohnenkraut

schützt Bohnen vor Läusen, Zwiebeln und Gurken freuen sich über Dill in der Nachbarschaft, während Salbei und Thymian auch im Pflanzenreich für Desinfektion sorgen. Knoblauch soll Erdbeeren schützen und Petersilie begünstigt den Wuchs von Tomaten. Kümmel lässt Kartoffeln gedeihen und hilft anschließend bei deren Zubereitung, diese zu verdauen.
Kapuzinerkresse opfert sich für seine Nachbarpflanzen, indem sie alle Läuse auf sich nimmt. Lavendel soll angeblich Rosen läusefrei halten. Diese Erfahrung konnte ich jedoch nicht machen.

Pflanzgefäßrecycling

In jedem Haushalt fallen das Jahr über permanent irgendwelche Aufbewahrungsstücke an. Dosen, Kisten, Töpfe, Schalen u. a. können jedoch durchaus als originelle Pflanzgefäße ein neues Leben führen. Dosen, alte Töpfe oder Kannen brauchen nur mit einem Loch für den Wasserabzug versehen zu werden und Kästen und Körbe werden mit Folie ausgelegt, um als Pflanzgefäße zum Nulltarif zu dienen. Eventuelle Gebrauchsspuren können mit Farbe gestrichen werden oder aber bewusst sichtbar bleiben.

Wildkräuter in den Garten

Bei meinen Kräuterwanderungen im Frühling weise ich immer darauf hin, dass eine ganze Reihe Wildkräuter, soweit sie nicht von selbst kommen, aus der Landschaft direkt in den Garten umgesiedelt werden können. Man muss sich jedoch genau darüber informieren, welche Pflanzen unter Naturschutz stehen und ob man sich nicht zufällig in einem Landschaftsschutzgebiet befindet. In solch einem ausgewiesenen Gebiet ist das Sammeln und Ausgraben selbst häufig vorkommender und nicht unter Schutz stehender Pflanzen verboten. Ansonsten dürfen Knoblauchsrauke, wilder Feldsalat, Johanniskraut, Schafgarbe, Klatschmohn und wie sie alle heißen durchaus „umgebettet" werden. Sie sorgen dann durch Samenausfall selbst für Nachwuchs.

Schmuck schauen sie aus, die Kräuter in alten Olivenöldosen.

Blumen- & Pflanzenausstellungen

Nach dem grauen Winter mit Kälte und Kahlheit verspüren die meisten Menschen im Frühjahr das Bedürfnis nach Duft und Blüte. Diesem Bedürfnis kommen die in der Zwischenzeit immer mehr werdenden Gartenausstellungen entgegen. Gerade im Frühjahr können wir uns dort zwischen vorgezogenen Duftpflanzen und rauschenden Wasserläufen Ideen und ausgefallene Gartenutensilien beschaffen. So manches Gartenkonzept wurde nach solch einem kreativen Besuch komplett auf den Kopf gestellt und verbessert.

Gartenwege anlegen

Grundsätzlich müssen alle Kräuter gut erreichbar sein. Dies bezieht sich zum einen auf die Entfernung des Gartens selbst vom Haus, zum anderen gilt es für die Anlage der Beete und Wege im Kräutergarten. Im klassischen Kräutergarten sind die Wege kreuzförmig angelegt, sodass die Beete quadratisch bis rechteckig werden. Die Wege sollten mit Kies bzw. Rindenmulch bestreut sein oder aus Platten bestehen.

Optimal für einen Hang

Ein Kräutergarten ist geradezu ideal zur Hanggestaltung. Sehr viele wunderbar duftende Kräuter (z. B. Thymian, Rosmarin, Römische Kamille, Katzenminze) bevorzugen die Wachstumsbedingungen am Hang mit Steinen, magerer Erde, gelegentlicher Trockenheit, Hitze und Sonne pur. Ein mediterraner Duftkräutergarten verlangt geradezu nach einer Bepflanzung am Hang. Damit alle Düfte Ihre Nase erreichen, sollten Sie bei der Planung unbedingt einen Sitzplatz vorsehen!

Ein Leiterbeet anlegen

Eine besonders schöne Kräuterbeet-Anlage ist das Leiter- oder Quadratebeet.

Sieht auch im Winter gut aus – ein Weg aus roten Klinkern.

Dazu wird entweder eine ausgediente Holzleiter auf das Beet gelegt oder man bastelt aus Längs- und Querlatten eine leiterähnliche Konstruktion. Die Sprossenfelder können nun mit den verschiedenen Kräutern bepflanzt werden. Man erhält so ein symmetrisches, übersichtliches Kräuterbeet. Kleine Namensschildchen erleichtern später die Ernte.

Anis aussäen

Anis gehört zu den einjährigen Kräutern und wird daher jedes Jahr im Frühling neu ausgesät. Besondere Absprüche an den Boden gibt es nicht, der Standort sollte jedoch vollsonnig sein.

„Beruhigungsbeet"

Ein „Beruhigungs-Beet" kann mit Zitronen-Melisse, Baldrian, Fenchel, Johanniskraut, Herzgespann, Kamille, Lavendel und Katzenminze bepflanzt werden. Allerdings müssen Sie dabei auf die Bedürfnisse dieser Seelentröster achten. Zitronen-Melisse, Baldrian und Herzgespann brauchen humosen, nicht ganz trockenen Boden, der Fenchel möchte einen feuchten, warmen Platz. Johanniskraut, Kamille, Lavendel und Katzenminze sind dagegen Sonnenanbeter, die einen mageren Boden bevorzugen.

Kürbisse vorziehen

Wenn Sie Kürbisse für die Herbstdekoration selbst anpflanzen wollen, dann sollten Sie ab März aus Kürbiskernen eine Vorkultur ziehen und die Pflänzchen erst Mitte Mai an Ort und Stelle auspflanzen. Sie gedeihen dann besser.

Katzenminze besitzt traumhaft blaue Blüten.

Kräuterstauden pflanzen

Die ideale Pflanzzeit für Kräuterstauden ist Mitte März bis Ende Mai. Die noch feuchte aber zunehmend wärmere Witterung begünstigt ein rasches Anwachsen, sodass im Sommer schon die erste Kräuterernte erwartet werden kann. Diese Ernte sollte aber noch sparsam erfolgen, um die Pflanzen nicht zu sehr zu schwächen.

Wildkräuter-Ernte

Wildkräuter ernte ich bereits ab Mitte Februar bis Mitte April – Brennnessel, Löwenzahn, Spitzwegerich, Gänseblümchen, Bärlauch, wilder Schnittlauch und viele andere können nun als Tee, Spinat oder Salat die Frühjahrskur unterstützen und die Küche bereichern.

Notwendige Pflanzenanzahl abschätzen

Nehmen wir einmal den Thymian. Wenn Sie Thymian in erster Linie als Würzkraut verwenden möchten, dürften zwei Pflanzen ausreichend sein. Zur Gewinnung von Thymian-Tee für den Wintervorrat oder im Krankheitsfall sind mit Sicherheit vier bis fünf Pflanzen notwendig. In einem „Zierkräutergarten" werden darüber hinaus nicht nur der normale Gartenthymian, sondern auch noch viele andere Thymianarten erwünscht sein. Dies macht deutlich, dass sich je nach Bedarf auch die Platzverhältnisse sehr stark unterscheiden können.

„Husten-Schnupfen-Beet"

Ein „Husten-Schnupfen-Beet" wird mit Salbei, Eibisch, Thymian, Fenchel und Ysop bepflanzt. Der heilsame Spitzwegerich findet sich dann später meist von allein ein.

Spitz-Wegerich kommt ganz von alleine.

Kräuter für die Topfkultur

Wenn die Tage wieder länger werden, aber die Witterung sich noch sehr an den Wintertemperaturen orientiert, ist es möglich, das eine oder andere Kraut als Topfkultur hinter den Fensterscheiben und über der Heizung zu halten. Wir müssen uns jedoch darüber im Klaren sein, dass Aromen, wie wir sie vom Sommer her gewöhnt sind, zu dieser Jahreszeit nicht möglich sind. Es wird daher immer nur eine sehr abgeschwächte Form der Würzkraft wahrgenommen werden können. Aber das ist immer noch besser als nichts. Darüber hinaus eignet sich nicht jedes Kraut für die Kultur im Topf. Schnittlauch, Oregano und Minzen sind bedingt tauglich, während Petersilie oder gar Dill erhebliche Schwierigkeiten bereiten, ganz zu schweigen von Estragon, Kerbel, Melisse und Liebstöckel. Thymian und Rosmarin sind wesentlich geeigneter und können bei milder Winterwitterung tagsüber nach draußen.

Basilikum im Topf

Basilikum ist die ideale Topfpflanze für die Terrasse oder die Fensterbank. Die Stauden, die ab März erhältlich sind, müssen zunächst umgepflanzt werden. Dann wird die mediterrane Pflanze allmählich an die Witterungsbedingungen draußen gewöhnt; ganz ins Freie darf Basilikum aber erst Mitte Mai nach den Eisheiligen! Da es verschiedenfarbige Basilikumarten gibt, kann man Kombinationen aus rot- und grünblättrigen Pflanzen gestalten.

Topfware auspflanzen

Gut durchwurzelte Topfware (Rosmarin, Oregano, Thymian, Salbei, Zitronen-Melisse) aus zweijähriger Kultur ist bereits so robust und abgehärtet, dass die Pflanzen den Umzug ins Kräuterbeet auch im zeitigen Frühjahr (ab Mitte März) schon verkraften. Der Boden muss dazu allerdings frostfrei sein. Achten Sie auf große, kompakte Stauden und pflanzen Sie diese an einem möglichst trüben Tag aus. Gut angießen!

Rosen-Anti-Blattlaus-Rezept

Ich helfe meinen Rosen mit einer Mischung aus 1 L Wasser, 0,2 L Brennspiritus und einigen Tropfen Spülmittel. Damit sprühe ich die Rosenspitzen zweibis dreimal nacheinander ein. Die Läuse trocknen dann aus; für Mensch und Biene ist das Mittel unschädlich.

Kräuterspirale bepflanzen

Hier wird häufig der Fehler gemacht, dass die oft mickrig aussehenden Pflänzchen aus dem Gartencenter zu dicht gepflanzt werden. Unterschätzen Sie nicht den Platzbedarf dieser Stauden. Bei optimalem Standort und Pflege entwickeln sich nicht selten stattliche Exemplare daraus. Diese schattieren wiederum die Kleinwüchsigen und nehmen ihnen die Luft und das Licht, sodass so manches Kräutlein nicht mehr existieren kann. Aber dieses Problem haben wir bei jeder Neuanlage. Deshalb ist es absolut notwendig, sich schon im Vorfeld darüber Gedanken zu machen, wie groß eine Pflanze im „erwachsenen“ Zustand einmal sein wird.

Gegen Ende des Frühjahres pflanze ich die kleinen Kräuterpflänzchen ins Freie.

Mai-Stimmung

Alles grünt und blüht, die Tage sind wieder wärmer und das Leben findet zunehmend im Freien statt. Für Kräuterfreunde beginnt nun wieder die Zeit des Sammelns und Trocknens. Holunderblüten, Waldmeister, Löwenzahnblüten, die ersten Rosenblüten, Salbei, Kerbel, Kleeblüten und viele andere Kräuterschätze aus der Natur sind jetzt im richtigen Erntezustand. Zur Mai-Stimmung gehören auch die Birken mit ihrem jungen Grün – in manchen Gegenden ist es noch Brauch, der „Angebeteten“ in der Nacht zum 1. Mai eine Birke unters Fenster zu stellen. Und für schwache Herzen blüht im Mai der Weißdorn, dessen Blüten jetzt ebenfalls gesammelt werden.

Küchentipps

Unkraut einfach aufessen

Brennnessel, Löwenzahn, Giersch, Vogelmiere und viele andere Wildbegleitkräuter können dem vom Unkrautrupfen geplagten Kräutergärtner als leckere Suppe, Salat oder würziges Spinatgemüse wieder zu neuen Kräften verhelfen.

Pikantes Kräuteröl

Je ein Essl. getrocknetes Kraut von Rosmarin, Thymian, Bohnenkraut, Oregano und Senfsaat sowie ein Essl. bunter Pfeffer und eine Chili-Schote in eine 1-Liter-Glasflasche einfüllen und mit kaltgepresstem Olivenöl oder Sonnenblumenöl auffüllen, sodass alle Kräuter mit Öl bedeckt sind. Zehn Tage im Hellen stehen lassen, dabei einmal täglich leicht schütteln. Danach kann abfiltriert werden (da alle Kräuter trocken waren, könnten sie in diesem Fall auch im Öl bleiben). Das Öl ist maximal ein halbes Jahr lang haltbar.

Waldmeister – Bowle & Tee

Jetzt im Frühjahr finden wir einen besonders aromatischen Waldbewohner – der Namen sagt es ja schon – den Waldmeister. Diese Pflanze mit dem leicht altmodischen Flair, sie wächst in Laubmischwäldern mit großem Buchenanteil, ist etwas schüchtern und gibt ihr Aroma erst während des Welkens preis. Aber gerade dieses Aroma dient dazu, Getränken, Speisen und auch Tees den besonderen Geschmack zu verleihen. Daher sollten Sie Ihr Waldmeistersträußlein für die Bowle oder den Tee erst einmal etwas trocknen lassen, bevor Sie dieses weiter verarbeiten.

Waldmeister-Bowle – ein besonderer Geschmack

Gänseblümchen-Likör

Eine Handvoll abgezupfte Gänseblümchenblüten waschen und trockentupfen. Pflücken Sie diese Blüten im offenen Zustand, sodass eventuell anhaftendes Getier noch das Weite suchen kann. Die Blüten gibt man in ein ausreichend großes Gefäß mit dichtem Verschluss. Dann eine halben Liter Doppelkorn darüber gießen und das ganze 14 Tage im Hellen stehen lassen. Anschließend abfiltrieren und erst jetzt zwei Essl. Wiesenblütenhonig dazugeben. Gut verschlossen im Dunkeln lagern. Ein bis zwei Gänseblümchen als Dekoration darin belassen.

Spargel: Heilpflanze & Gemüse

Spargel ist der unbestrittene König der so genannten Stielgemüsearten und schon die alten Römer kannten ihn. Auch heute kann man hier und da der wilden Form begegnen, die zwar wesentlich dünner ist, aber köstlich schmeckt. Ich selbst halte nichts von konservierten Spargelstangen, wie sie das ganze Jahr über erhältlich sind, sondern esse dieses Gemüse „in seiner Zeit“, wie ich es mit anderem Obst und Gemüse halte. Nach einem ausgiebigen Spargelmahl werden Sie relativ schnell auch in den Genuss der Heilwirkung dieser Heilpflanze kommen, denn diese lautet: stark entwässernd bzw. wassertreibend!

Kräuterknoblauch-Soße für Eier

Zwei Becher Joghurt, fünf Essl. Salatmayonnaise und zwei Essl. Senf in einer Schüssel gründlich verrühren. Zwei Knoblauchzehen schälen und durchpressen und ebenfalls unterrühren. Mit Salz und Pfeffer abschmecken. Zwei hart gekochte Eier schälen, klein hacken und zusammen mit einer halben Tasse voll feingeschnittener Kräuter (z. B. Schnittlauch, Dill, Kerbel, Petersilie) mit der Soße vermischen. Mit Kräutern oder Blüten garnieren.
Schmeckt herrlich zu Eiern, gekochtem Fleisch und über Bratkartoffeln. Sie lässt sich auch mit Zwiebeln zubereiten.

Junges Gemüse & Kräuter

Junges Gemüse, wie es gerade im Frühling häufig auf den Tisch kommen sollte, kann mit ebensolchen jungen Kräutern zu herrlichen Speisen kreiert werden.
Junge Möhren in Butter gedünstet mit frischem Koriander- oder Petersiliengrün sind eine leckere Beilage zu Fleisch- oder Kartoffelgerichten. Auch junge Gierschblätter können hierzu verwendet werden. Kohlrabi, Blumenkohl, Zuckerschoten, Frühlingszwiebeln u. a. vertragen die klassische französische Mischung „fines herbes“ bestehend aus Petersilie, Schnittlauch, Kerbel, Estragon und z. T. Pimpinelle. Mit Estragon, soweit es sich um den echten aromatischen handelt, sollte man etwas sparsam umgehen.

Hier werden leckere Soßen gehext.

Fischkräuter & Salz

In meinem Gewürzregal für Fischgerichte halte ich neben einer klassischen Fischkräutermischung mit Dill, Kerbel, Liebstöckel, Koriander u.a. auch einige Fischgewürze mit Salzanteil bereit.
Darunter Thymiansalz für alle Fischgerichte mit leicht mediterranem Charakter und schlicht und ergreifend zur Unterstützung der Verdauung. Dieses Salz kann mit frischen Thymianzweiglein noch verstärkt werden. Oder aber speziell für die Zubereitung von Forellen und Lachs Bärlauchsalz, welches sich gut mit frischen Frühlingszwiebeln als Füllung eignet.

Den pikanten Kräuterquark zum Schluss noch mit Meersalz und Pfeffer abschmecken.

Kleine Gemüsekuchen

200 g Mehl, zwei Eier, ein Teel. Salz und 70 g Butter zu einem Mürbeteig kneten und eine Stunde kalt stellen. In der Zwischenzeit Spargelspitzen (ca. 250 g) fünf Minuten in kochendes Salzwasser geben, abtropfen lassen und dann beiseite stellen.
Für die Eiersahnesoße ein Ei mit einem Becher Schmand gut verrühren, mit Muskat, weißem Pfeffer und Salz würzen. Ein Bund Schnittlauch in Röllchen schneiden und unter die Soße rühren.
Kleine Quiche-Formen einölen und mit dem Teig belegen und zehn Minuten bei 190 °C backen. Danach mit den Spargelspitzen belegen und mit der Soße übergießen, noch einmal 15 Minuten backen.

Pikanter Kräuterquark

Dazu wird ein gut abgetropfter Schichtkäse (500 g) mit einem Becher Süßer Sahne (200 g) und zwei Essl. Olivenöl aufgerührt, bis eine geschmeidige, cremige Masse entstanden ist. Jetzt werden fünf bis acht Essl. feingewiegte Kräuter untergehoben, z. B. Weinberglauch, Feldsalat, Kresse, Sauerampfer, Barbarakraut, Petersilie, Schnittlauch, Knoblauch, Bärlauch und eine Prise Schabziger Klee.

Leckerer Wildspinat

Beliebig viele Wildkräuter wie Melde, Guter Heinrich, Brennnessel, Bärlauch, Löwenzahn, Vogelmiere, Spitzwegerich, Schafgarbe, Giersch heiß waschen, hacken oder schneiden. Dann gewürfelten

Schinkenspeck, eine gehackte Zwiebel und drei Knoblauchzehen in Butter andünsten. Die Kräuter mit dazugeben, mit Fleisch- oder Gemüsebrühe ablöschen und die Flüssigkeit einkochen lassen. Etwa einen halben Becher Süße Sahne mit drei Essl. Dinkelmehl verrühren und zu der Spinatmischung geben. Aufwallen lassen, mit Kräutersalz und Muskatnuss würzen. Gleich servieren!

Wildkräuter-Salat

Eine Handvoll frische Kräuter (Sauerampfer, Gänseblümchen, Kresse, Pimpinelle, Veilchenblüten, junge Löwenzahnblätter) und einen Endivien- oder Kopfsalat gut waschen und abtropfen lassen, Blätter grob zerpflücken, Kräuter fein wiegen. Eine Zwiebel in Würfel schneiden, eine Salatgurke und ein Bund Radieschen mit einem Gemüsehobel in Scheiben schneiden.
Für die Marinade drei Essl. Essig, zwei Essl. Wasser, drei Essl. Olivenöl, zwei Essl. Süße Sahne verrühren und mit Pfeffer und Meersalz abschmecken. Salat anrichten und zum Schluss mit Schinkenstreifen, Tomatenvierteln oder Scheiben eines gekochten Eis garnieren.

Zitronen-Thymian-Trank mit Bernstein

Zwölf Zweige frischen Zitronen-Thymian, einen Zweig Pfefferminze und die Schale einer halben Zitrone in eine große Flasche geben und mit einem Liter Wodka auffüllen. Einen Naturbernstein einlegen und sechs Tropfen ätherisches Salbeiöl tropfenweise dazugeben. Zwei Monate an einem warmen Platz stehen lassen, abfiltrieren und den Bernstein wieder in die Flasche mit dem Ansatz zurückfüllen. Noch einmal vier Wochen ruhen lassen. Ein Vorbeugeschnaps gegen so manche Gebrechen des Alltags.

Grüner Spargel mit Flusskrebsen

200 g ausgelöste, gekochte Flusskrebse werden zwei Tage in Bärlauchöl mariniert. Die Marinade besteht aus 100 ml Olivenöl, fünf bis sechs Bärlauchblättern (gehackt), einem halben Teel. Salz und einem Essl. Zitronensaft.

Bernstein – für spezielle Tränklein geeignet

Ein Pfund grünen Spargel am unteren Teil schälen und verholzte Teile wegschneiden. In ausreichend Salzwasser mit etwas Zitronensaft und Butter gar kochen (ca. 10 Min.) und auf einer Platte oder einem großen Teller dekorativ anrichten. Etwas abgekühlt mit den Flusskrebsen und frischem Bärlauch belegen und mit einem Hauch Pfeffer aus der Mühle und frischer Zitrone servieren. Dazu passt Pizzabrot oder Weißbrot.

Frisch gesammelte Bärlauchblätter

Kräuter zu Ostern

Die meisten alten Bräuche der Frühlings- bzw. Osterzeit sind leider in Vergessenheit geraten, doch bis auf den heutigen Tag kennt man in vielen Gegenden noch den Brauch der grünen Speisen an Gründonnerstag.
So haben Sie sich vielleicht schon über die Höhe der Spinatpreise in der Osterwoche gewundert, was mit diesem Brauchtum zusammenhängt. Grünes Gemüse, grüne Soßen und Suppen bekommen Sie jedoch auch billiger, wenn Sie Wildkräuter wie Brennnessel, Giersch, Gänseblümchen und Schnittlauch in Ihren Speiseplan mit einbeziehen.

Bärlauch-Pesto

100 g gehackte Bärlauchblätter (vor der Blüte ernten) werden mit 10 g Meersalz und etwas Olivenöl im Mixer püriert, bis eine homogene, breiige Masse entstanden ist.

Weitere Kräuterpasten

Auch aus anderen Kräutern lässt sich nach oben genanntem Rezept eine Kräuterpaste herstellen. Nehmen Sie z. B. Petersilie, Basilikum, Liebstöckel, Estragon oder eine Mischung aus diesen.

Kräutersoße – Grundrezept

Die sauber geputzten und klein geschnittenen oder gehackten Kräuter in nicht zu heißer (keine Rauchbildung) Butter fünf bis acht Minuten andünsten, dann beiseite stellen. Als Grundrezept rührt man eine Buttersoße aus 20 g Butter, einem Essl. Mehl, einem viertel Liter Salzwasser oder Brühe an, in die dann die halbgaren Kräuter gegeben werden. Für eine Kräutersoße dürfen es gut 200 g zerkleinerte Kräuter sein.
Die Soße wird unter Umrühren ca. fünf Minuten auf dem Herd erhitzt, sodass die Kräuter fertig garen. Auf der ausgeschalteten Kochstelle das Ganze ziehen lassen und je nach Geschmack noch einen Schuss Sahne oder Sauerrahm hinzugeben.

Geröstete Brennnesselblätter

Die jungen Triebe bzw. Triebspitzen der „Frühlings“-Brennnesseln (5–6 Blätter) werden gründlich gewaschen und trockengetupft. Durch das Wasser brechen alle Brennhaare ab, sodass wir keine Angst haben müssen, uns bei der Zubereitung dieser Delikatesse zu „sengeln“. In einer schweren Pfanne Erdnussöl stark erhitzen und die abgezupften

Brennnesselblätter kurz darin anrösten und wieder herausnehmen. Über zuvor gekochte Nudeln geben und mit diesen unter Zugabe von etwas Salz und Olivenöl vermischen.

Feiertags-Kräutersuppe

Diese Suppe besteht aus Kräutern wie Brennnessel, Guter Heinrich, Gänseblümchen, Löwenzahn, Knoblauchsrauke, Vogelmiere, Spitzwegerich, Schafgarbe und Taubenkropf. Die Kräuter – man benötigt 100–150 g Pflanzenanteile ohne Stiele – werden sauber gewaschen, klein geschnitten, kurz in Butter angedünstet und mit ca. einem Liter Gemüse- oder Fleischbrühe aufgefüllt. Nach einer Garzeit von etwa zehn Minuten wird das Ganze püriert und – für den Feiertag! – mit einem Becher Sahne und einem Eigelb legiert.

Mit gerösteten Brotwürfeln serviert, ist der gelungene Einstieg in ein Festmahl garantiert.

Pizzakugeln

Ein ganz schnelles Rezept, wenn sich überraschend Besuch angemeldet hat oder der Abend länger geht als das Brot reicht.
Fertiger Pizzateig wird nach Vorschrift zubereitet. Was der Kühlschrank noch hergibt oder sowieso liegen geblieben ist an Salami, Schinken und Käse wird so klein wie möglich gewürfelt. Eine frische Tomate oder Zwiebel ebenfalls klein würfeln und alles zusammen mit dem Teig verkneten.
Den Teig zu einer Rolle formen und in zehn Portionen teilen. Zu gleichmäßigen Kugeln formen und auf ein Blech setzen. Etwas antrocknen lassen, mit Öl bepinseln und 15 Minuten backen (220 °C).
Als Würzkräuter eignen sich: Oregano, Thymian, Bohnenkraut, Basilikum und Petersilie.

Salat mit Wiesen-Schaumkraut & Veilchenblüten

Ein frischer Kopfsalat wird geputzt, gewaschen und die Blätter von den harten Blattrippen befreit. In kleine Stücke zupfen und in einer Salatschüssel mit Frühlingszwiebeln mischen. Eine Salatsoße aus einem Essl. Balsamico, einem Essl. Olivenöl, zwei Essl. Wasser, einem Teel. Senf und einem Essl. Honig anrühren und über den Salat geben. Mit den ausgezupften Wiesen-Schaumkraut- und Veilchenblüten bestreuen und servieren.

Kräuterfrischkäse mit buntem Gemüse

Zwei Packungen Schichtkäse, einen Becher Sahne, einen Essl. Kräutersalz (nach Geschmack auch mehr) und etwas Pfeffer gut verrühren, aber nicht glatt rühren. Frische Kräuter wie Bärlauch, Kerbel, Pimpinelle, Kresse, Feldsalat und etwas Löwenzahn sehr fein hacken und mit zwei Messerspitzen Schabzigerkleepulver unter den Käse ziehen. Zwei rote Zwiebeln, eine gelbe Paprikaschote, eine Tomate und zwei kleine Salatgurken getrennt in sehr kleine Würfel schneiden. Das Gemüse und den Kräuterkäse schichtweise in eine Glasschüssel füllen und kaltstellen. Mit Brot oder Pellkartoffeln servieren.

Kräuter-Pfannkuchen

Für den Teig mischen Sie eine Tasse Mehl mit einer Tasse Milch, ein oder zwei Eiern und etwas Kräutersalz. Es sollte ein glatter, flüssiger Ausbackteig entstehen. Dieser Teig wird mit jungen frischen, feingewiegten Gartenkräutern oder Wildkräutern Ihrer Wahl (z.B. Brennnessel, Knoblauchsrauke, Hopfensprossen, Giersch) gemischt und in der heißen Pfanne in Olivenöl oder Butterschmalz goldbraun ausgebacken.

Feines Gemüse oder Schinken passt zu den Pfannkuchen.

Muttertagsbrot pikant

250 g Roggenmehl und 250 g Weizenmehl in eine Schüssel sieben. In die Mitte eine Mulde drücken und 40 g Hefe hineinbröckeln. Die Hefe mit einem halben Teel. Zucker, vier Essl. warmem Wasser, etwas Mehl verrühren und zugedeckt 20 Minuten gehen lassen.
Ein Bund Petersilie, zwei Stängel Thymian und eine Spitze Rosmarin hacken und mit einem Teel. Koriander (gemahlen), einem Teel. Kreuzkümmel (gehackt oder gemörsert), zwei Essl. Dillspitzen und etwas Wasser zum Vorteig geben. Alles zu einem Teig verkneten und in eine gefettete Herzform füllen. 30 Minuten gehen lassen. Die Oberfläche herzförmig einritzen, mit Margarine bestreichen und 55 Minuten bei 220 °C im Backofen backen. Eine Schüssel Wasser unter das Backblech geben.

Delikater Kräutertatar

In einer Schüssel werden zwei Becher Schmand (Sauerrahm), ein Becher Joghurt und drei Essl. bestes Olivenöl mit einer klein gehackten Zwiebel (Schalotte) und etwas Salz und Pfeffer glatt gerührt. Einige der nun dazugegebenen Kräuter

sollten unbedingt aus der Knoblauchfamilie kommen. Meine Lieblingsmischung besteht aus Bärlauch, Weinbergslauch, Kresse, (wildem) Feldsalat, wenig Sauerampfer und ein bis zwei Gänseblümchen-Pflanzen ohne Wurzeln – insgesamt ungefähr 150 g.
Die Kräuter heiß waschen, sehr fein wiegen und in die Rahmmischung einrühren.

Kräuter-Pfannkuchen mit Spargel

Aus zwei Tassen Dinkelmehl, zwei Eiern und einem halben Liter Milch einen flüssigen Pfannkuchenteig rühren. Evtl. noch etwas Mineralwasser dazugeben. Je ein Bund Bärlauch (Schnittlauch) und Petersilie mit dem Wiegemesser klein schneiden und unter den Teig mischen. In einer Pfanne dünne Pfannkuchen in Olivenöl ausbacken, mit kleinen Frühstücksspeck-Würfeln (100 g) bestreuen und einmal umgeschlagen auf einer Platte warm stellen. 500 g Spargel in Salz-Zucker-Wasser gar kochen, Wasser abgießen. Spargelstangen in Kräuterbutter schwenken, 50 g Kresse darüberstreuen und mit den Pfannkuchen servieren.

Kräuter-Fitness-Trunk

Ein halber Becher Naturjoghurt wird mit 200 ml Frischmilch verrührt. Dazu kommen zwei bis drei Essl. fein gewiegte Wild- und Gartenkräuter, eine Prise Salz und ein Essl. Zitronensaft. Alles mit dem Zauberstab oder im Mixer kurz aufschäumen und sofort servieren! Hier eine Kräuterauswahl für das Rezept: Petersilie, Schnittlauch, Kerbel, Bärlauch, Kresse, Minze, einige Schafgarbe-Blättchen, Brennnessel, Vogelmiere, Zitronen-Melisse etc.

Der macht fit …

Löwenzahn-Likör

Von 30 Löwenzahnblüten die gelben Blütenblätter abzupfen und mit 500 ml Obstwasser in eine Glasflasche füllen. Zehn Tage im Hellen durchziehen lassen, dabei mehrmals gut schütteln. Nach dem Abfiltrieren kommen sechs Essl. Akazienhonig dazu. Den Ansatz nochmals fünf Tage stehen lassen. Vor Gebrauch schütteln. Dieser Likör ist eine gute Grundlage für Mixgetränke.

Teebeutel-Tricks

Viele Teefreunde würden gerne auf Teebeutel verzichten, aber aus zeitlichen Gründen ist es eben nicht möglich, einen Tee aus offener Ware aufzubrühen. Wer daher auf Beutel nicht verzichten kann, der hat die Möglichkeit, sich diese selbst zu richten, ohne auf die Qualität der offenen Ware verzichten zu müssen. Es gibt ungebleichte Teebeutel die individuell für ein- bis vier Tassen befüllt werden können.

Gesundheits- & Kosmetiktipps

Kamillendampfbad

Ein Kamillendampfbad beruhigt nicht nur gereizte Atemwege im Falle einer Erkältung, sondern wirkt auch an gesunden Tagen herrlich beruhigend, regenerierend und schlaffördernd.
Eine Handvoll getrocknete Kamillenblüten werden in einer Schüssel mit einem Liter kochendem Wasser übergossen. Nun beugt man den Kopf darüber und inhaliert die aufsteigenden Dämpfe. Platzangstgeplagte verzichten auf das immer wieder empfohlene Tuch über dem Kopf; Erkältungskandidaten geben diesem Dampfbad noch einen Essl. Kochsalz hinzu, um die austrocknende Wirkung zu reduzieren.

Fertig zum Einsatz – getrocknete Kamillenblüten

Für Gesundheit & Schönheit

Ende April bis Anfang Mai ist die Erntezeit für Weißdornblüten. Diese sollten dann noch geschlossen sein, denn beim Trocknen müssen wir eine „Nachreife" berücksichtigen. Weißdorn hat eine beruhigende und herzstärkende Heilwirkung und kann als Tee oder Fertigpräparat eingenommen werden. Weniger bekannt ist die besänftigende, beruhigende und stärkende Wirkung auch bei der äußerlichen Anwendung in der Kräuterkosmetik.
Für ein Weißdornblüten-Gesichtswasser werden 10 g Weißdornblüten (frisch) mit 100 g 70%igen Alkohol sechs Wochen lang ausgezogen. Von dieser abfiltrierten Tinktur 30 g nehmen und mit 70 g Rosenwasser (Apotheke) ergänzen. Das ganze füllt man in eine Flasche und gibt davon einige Tropfen auf einen Wattebausch. Sehr zu empfehlen als Reinigungsmittel bei sensibler Haut.

Wichtige „Doppelrolle"

Gestalten Sie Ihren Speiseplan unter dem Aspekt „lecker und gesund". Manche Nahrungsbestandteile können Sie für Ihre Schönheit innerlich und äußerlich anwenden, z. B. Honig, Eier, Joghurt, Gurken, Aprikosen, Sahne, Erdbeeren, Oliven- oder Avocadoöl. Achten Sie beim Einkauf auf solche „Doppelrollen". Genießen Sie mit Maß und Ziel!

Frische Luft & Bewegung ...

... sind nicht nur für die Gesundheit wichtig, sondern machen auch schön. In gut ausgeschlafenem Zustand glätten sich so manche Falten im Gesicht von selbst. Vermeiden Sie Stress! Achten Sie bei Pflegeprodukten darauf, dass sie natürliche Stoffe beinhalten. Denn Parfüms und Konservierungsstoffe können z.T. zu allergischen Reaktionen führen.

Zwiebeln, Zwiebeln, Zwiebeln

Es gibt hunderte von Zwiebelsorten in unseren Breiten. Zwiebeln für den Garten, d.h. Blumen- oder Gemüsezwiebeln, giftige und ungiftige. Zwiebeln für die Küche, Zwiebeln als Pflanzenfamilie, scharfe und milde, weiße, rote, gelbe, Minizwiebeln oder Riesenexemplare – und dies alles schon seit tausenden von Jahren.
Ebenso lang ist die Heilwirkung dieser Gewächse bekannt. Zwiebeln wirken in erster Linie desinfizierend, heilend, verdauungsfördernd und – wie wir auch alle wissen – Tränen treibend. Eine besondere Zwiebelart wurde sogar als Rattengift verwendet. Die Meer-Zwiebel sollte man daher nicht unbedingt unter den Salat mischen.

Lebensgefahr: Herbstzeitlose!

Im zeitigen Frühjahr, zur schönsten Bärlauchzeit, macht sich eine eigentlich gut bekannte Herbstpflanze auf höchst gefährliche Art bemerkbar. Es erscheinen jene Blätter, die immer wieder für Tote sorgen, denn mit einem flüchtigen Blick können diese für Bärlauch gehalten werden. Obendrein erscheinen sie häufig an Waldrändern, die auch mit Bärlauchvorkommen gesegnet sind, sodass eine Riechprobe oft falsch ausfällt.
Die Herbstzeitlose riecht nicht nach Bärlauch, aber die Hände des Bärlauchpflückers. Deswegen mein Rat: Schauen Sie sich Ihre „Wildernte" lieber zweimal an oder nehmen Sie ein Pflanzenbestimmungsbuch mit. Es könnte Ihr Leben davon abhängen.

Die Herbstzeitlose erfreut uns im Herbst mit ihren blattlosen zartvioletten Blüten auf vielen Wiesen.

Brennnesselwurzel-Haarwasser

Ein recht preisgünstiges Mittel zur Stärkung der Haare und der Haarwurzeln können wir selbst aus Brennnesselwurzeln herstellen. Eine Handvoll Brennnesselwurzeln wird in einem Liter Wasser aufgekocht und nach dem Erkalten abfiltriert. Zu diesem wässrigen Auszug gibt man 100 ml Isopropylalkohol (Apotheke) als Konservierungsmittel. Von diesem Haarwasser wird nach jeder Haarwäsche ein Schnapsglas voll auf der Kopfhaut verteilt und nicht mehr ausgespült.

Badesäckchen nach Art der Kräuterhexe

Rosmarin und Rosen sind die edlen Bestandteile dieses Badesäckchens. Für ein spritzig-anregendes Kräuterbad mischen und mörsern Sie 20 g Rosmarinnadeln, 10 g Rosenblütenblätter (Duftrosen!), 50 g Salz vom Toten Meer und 20 g Haferkleie. Zwei Tropfen ätherisches Rosmarinöl und drei Tropfen Rosenöl verstärken den traumhaften und anregenden Duft dieser Mischung. Das Ganze wird in ein ausreichend großes Stoff- oder Gazesäckchen gefüllt und in das einlaufende Badewasser gehängt. Anschließend gut ausdrücken und die Haut damit massieren.

Er wird Pusteblume, Pisskraut, Saublume oder auch Hundeblume genannt.

Löwenzahn – Wildbegleitkraut

Löwenzahn ist auf der ganzen Nordhalbkugel verbreitet und ist kein Unkraut, sondern ein Wildbegleitkraut. Seine Heilkräfte stecken in den Blättern, die vor der Blütezeit gesammelt werden, und in den Wurzeln, die im Frühjahr oder im Herbst geerntet werden können. Löwenzahn wirkt stoffwechselanregend und ist stark wassertreibend, daher auch einige der derben Namen.

Pflegender Haut-Tee

20 g Eichenrinde, 30 g Weidenrinde, 30 g Geißbart, 20 g Erdrauch, 25 g Zinnkraut, 30 g Ehrenpreis, 30 g Ringelblumen, 50 g Brennnessel, 25 g Schafgarbe und 20 g Klatschmohn gut mischen und in einer gut schließenden Dose aufbewahren. Von dieser Teemischung einen Essl. pro Tasse aufbrühen und fünf Minuten ziehen lassen. Abseihen und langsam trinken. Diese Teemischung hat sich bei allen stoffwechselbedingten Hauterkrankungen bewährt. Auch zur äußerlichen Anwendung als Kompresse geeignet.

Tee gegen Regelschmerzen

20 g Frauenmantel, 20 g Schafgarbe, 20 g Zinnkraut, 20 g Thymian, 10 g Lavendel, 10 g Weidenrinde, je 10 g Fenchel- und Anisfrüchte, 20 g Hibiskusblüten gut mischen, davon einen Essl. pro Tasse überbrühen und fünf Minuten ziehen lassen. Dieser krampflösende und schmerzstillende Tee kann schon ein bis zwei Tage

vor der zu erwartenden Monatsblutung getrunken werden, um die Beschwerden bereits im Vorfeld zu reduzieren.

Tee gegen Wechseljahrs-beschwerden

Der Tee eignet sich besonders für leichtere Wechseljahrsbeschwerden. Er wirkt schweißreduzierend, entwässernd und ausgleichend.
30 g Frauenmantel, 10 g Salbei, 10 g Zinnkraut oder Schachtelhalm, 10 g Birkenblätter, 10 g Brombeerblätter, 10 g Brennnessel, 10 g Erdrauch und 10 g Kamillenblüten gut mischen. Davon einen Essl. pro Tasse heiß überbrühen und fünf Minuten ziehen lassen.

Beruhigender Schlaf-Tee

10 g leicht angestoßene Fenchelfrüchte, 10 g Weißdornblüten, 20 g Passionsblumenkraut, 10 g Hopfenzapfen, 20 g Melissenblätter, 20 g Baldrianwurzeln, 20 g Johanniskraut und 20 g Waldmeister (getrocknete Kräuter verwenden) gut mischen. Einen Essl. pro Tasse heiß aufbrühen, fünf Minuten ziehen lassen.

Brennnessel für die Frühjahrskur

Die „Dame mit dem unvergesslichen Händedruck“ eignet sich gut für die Frühjahrskur. Das noch zarte, frische Kraut kann als Suppe, Spinat oder Salat zubereitet werden. Als Tee wirkt die Brennnessel stark Wasser treibend. Die Wirkung beruht auf einer Nierenreizung.

Blasen- & Nieren-Tee

30 g Brennnessel, 30 g Zinnkraut, 20 g Goldrute, 20 g Hirtentäschel, 20 g Hauhechel, 20 g Echtes Labkraut und 10 g Anis mischen. Man überbrüht einen Essl. pro Tasse, fünf Minuten ziehen lassen, abseihen. Zur Vorbeugung und Behandlung von Blasenentzündungen.

Entwässerungstee

20 g Brennnesselblätter, 20 g Birkenblätter, 20 g Stiefmütterchenkraut (blau blühend), 10 g Gänseblümchen, 20 g Zitronengras und 10 g Zinnkraut in einer großen Schüssel mischen.
Brennnesselblätter, Birkenblätter und Zinnkraut sind stark Wasser treibende Drogen, die sich in dieser Kombination in ihrer Wirkung verstärken. Wenn Sie diesen Tee als Unterstützung einer Frühjahrskur zu sich nehmen, sollten Sie nach vier bis fünf Tagen eine Pause von zwei bis drei Tagen einlegen, damit der Mineralstoffhaushalt im Organismus erhalten bleibt.

Für ruhige und erholsame Nächte

Viel Wasser über den Tag verteilt trinken unterstützt den Entschlackungsvorgang.

Fit mit Entschlackungstee

20g Zinnkraut, 10g Brennnesselkraut, 20g Thymian, 10g Salbeiblätter, 20g Schafgarbenblüten, 10g Orangenblüten und 10g Spierstaude (alles trocken) werden gemischt. Von diesem Tee trinkt man täglich ein bis zwei Tassen. Man nimmt einen Teel. Kräuter pro Tasse, überbrüht das Ganze mit kochendem Wasser und seiht nach fünf Minuten ab. Der Entschlackungs-Tee sollte kurmäßig zwei Wochen lang getrunken werden. Nach einer Pause von drei bis fünf Tagen kann diese Kur noch einmal um eine Woche verlängert werden.

Wohlfühl-Tee No.1

Man mischt zu gleichen Teilen Melissenblätter, Süßholzwurzel (geschnitten), Orangenblüten, angestoßene Anisfrüchte, Lindenblüten, Ringelblumenblüten und Römische Kamille (alles getrocknet). Pro Tasse einen gehäuften Teel. der Mischung nehmen, fünf Minuten ziehen lassen und Schluck um Schluck genießen.

Tee gegen entzündliche Schmerzen

30g Brennnessel, 10g Löwenzahn, 20g Schafgarbe, 10g Schlüsselblumen und 30g Zinnkraut gut durchmischen. Einen Esslöffel pro Tasse überbrühen und nach fünf Minuten abseihen. Dieser Tee ist zur Unterstützung und Ergänzung einer ärztlichen Therapie geeignet.

Mandelöl-Creme

5g Bienenwachs und 15g Wollwachs (wasserfrei) im Wasserbad schmelzen, 40g erwärmtes Mandelöl nach und nach darunter rühren. 40g lauwarmes Rosenwasser tropfenweise einrühren, bis die gesamte Flüssigkeit gebunden ist. Zum Schluss einen halben Teel. flüssigen Honig und zwei Tropfen ätherisches Geranienöl gut einrühren. In eine saubere, gut schließende Salbendose abfüllen. Diese Creme empfehle ich besonders für trockene und zu Irritationen neigende Haut.

Haarkur mit Olivenöl

100ml Olivenöl in eine Schüssel füllen, zwei Essl. Honig im Wasserbad erwärmen und flüssig zu dem Öl geben. Mit einem Quirl verrühren. Das Ganze in eine

Der Rubin – ein Stein mit anregenden Eigenschaften

Flasche füllen und die ätherischen Öle (10 Tropfen ätherisches Rosenholzöl, 10 Tropfen Nelkenöl, 5 Tropfen Thymianöl, 5 Tropfen Salbeiöl) tropfenweise dazugeben. Gut durchschütteln und verschließen, dunkel lagern.
Diese Haarkur eignet sich für trockenes Haar mit gereizten Haarwurzeln. Die Ölmischung lässt man nach dem Haarewaschen 20 Minuten einwirken und wäscht sie dann mit einem milden Shampoo aus.

Violette Mineralien regen an

Violette Mineralien sind heutzutage sehr zu empfehlen, obwohl diese Farbe auch eine negative Besetzung hat. Violett wirkt reinigend und befreiend, fördert die Tätigkeit des Gehirns und regt die sensiblen und motorischen Nerven an. Violette Heilsteine bringen Erleichterung bei Trauer, fördern die Erinnerung sowie das Verständnis für die Probleme anderer.

Rote Heilsteine mit „Kick“

Rot wirkt anregend, erhitzend, blut- und kreislaufstimulierend und beschleunigend. Liebe und Hass werden oft mit dieser Farbe symbolisiert. Rosa ist durch den Weißanteil etwas friedlicher, macht dafür aber auch empfindsamer. Rote Mineralien sind daher besonders für behäbige und schwerfällige Menschen geeignet, um ihnen etwas „Pfeffer“ zu verabreichen. Ein solcher „Kick“ kann durchaus zur Gewichtsreduzierung bei Übergewicht dienen oder eine besondere Auswirkung im sexuellen Bereich mit sich bringen (Rubin).

Grüne Mineralien

Zur Stimulierung von Leber und Galle sind grüne Mineralien geeignet. Sie fördern die Entgiftung und Regenerationskraft des Körpers. Grün unterstützt einen gesunden Optimismus und ist daher die Farbe der Hoffnung. Emotionen wie Wut und Zorn können jedoch intensiviert werden – das berühmte „reinigende Gewitter“ führt langfristig gesehen zu innerem Frieden.

Heilsteine, die entgiften

Der Aktinolyt regt die Funktion von Leber und Nieren an. Als Aktinolytquarz (= mit Bergkristall) wird die Entgiftung und Ausscheidung angeregt. Eine besondere Art des Turmalins – der blaue Indigolith – regt Wasserhaushalt, Nieren und Blase an.

Nicht nur für Speisen geeignet – Olivenöl

Sommer

Jetzt ist Haupterntezeit für die meisten Heil-, Würz- und Wildkräuter – sowohl im Garten wie auch in Feld und Flur. Wie Sie diese Schätze ernten und verarbeiten, lesen Sie auf den nächsten Seiten. Doch trotz aller Kräuterarbeit sollte Ihr Urlaub nicht zu kurz kommen.

Gartentipps

Sommergarten-Werkzeuge

Die wichtigsten Gartenwerkzeuge für den Sommergarten sind mit Sicherheit die Gießkanne, der Gartenschlauch, eine Sichel und – nicht zu vergessen für nostalgische Gartenfreunde oder Hanggärtner – eine Sense. Zu den unangenehmen Tätigkeiten gehört das Spritzen; ab und zu lässt es sich jedoch nicht vermeiden. Aus diesem Grund ist auch ein Spritzgerät vonnöten.
Beim Kauf dieser Gerätschaften sollten Sie unbedingt auf Stabilität und gute Verarbeitung achten. Alle Gartengeräte sollten darüber hinaus gut in der Hand liegen.

Ein Sommerthema – Gießen

Es gibt verschiedene Methoden, um unsere Pflanzenschützlinge im Sommer mit dem labenden Nass zu versorgen. Töpfe, Krüge oder durchlöcherte Dosen gehören zu den ältesten Geräten, um gezielt bewässern zu können. Gießkannen mit langem „Hals" in den verschiedensten Ausführungen und Größen sind ebenfalls auf dem Gartenmarkt zu bekommen und darüber hinaus gibt es von der einfachen Bewässerungsanlage mit durchlöcherten Schläuchen bis zum computerunterstützten Profibewässerungssystem alles, was das Herz begehrt.
Überraschend selten erfährt man jedoch wie man richtig gießt! Im Sommer wird grundsätzlich nicht bei praller Sonne auf Blüten und Blätter gegossen, da Brandschäden zu befürchten sind, d. h. nicht in der Mittagszeit gießen. Größere Pflanzen werden über separat angebrachte Becher, Töpfe oder Leerrohre in Wurzelnähe gegossen.

Sie warten nur auf ihren Einsatz ...

Sie lieben es feuchter

Obwohl die meisten Kräuter sehr gut einmal austrocknen können bzw. das sogar zu einer Qualitätsverbesserung führt, gibt es doch eine Reihe Pflanzen aus dem Kräuterreich, die etwas mehr Feuchtigkeit wünschen.
Dazu gehören alle Kräuter der Halbschattenlagen wie Waldmeister, Bärlauch, Knoblauchsrauke, Lerchensporn, Maiglöckchen, Gundelrebe, Günsel und Taubnesseln. Und im Küchenkräuterbeet bevorzugen Schnittlauch, Zwiebeln, Petersilie, Dill und Borretsch eine gewisse Feuchte und gut humosen Boden. Und nicht zu vergessen das Basilikum. Dieses südländische Kraut ist alles andere als ein Durstleider, sorgen Sie deshalb immer für maximale Wärme und Feuchtigkeit.

Stolz steht er da – der Fingerhut.

Vorsicht Giftpflanzen!

Bei unseren Spaziergängen in Wald und Flur besteht bereits in dieser Jahreszeit die Möglichkeit, so manchem giftigen Vertreter aus dem Pflanzenreich zu begegnen. Fingerhut und Tollkirsche stehen in voller Blüte bzw. haben bereits die ersten „Früchte" angesetzt. Die Beeren der Zahnrübe beginnen sich zu färben; Bittersüßer und Schwarzer Nachtschatten locken mit ihren „Früchten".
Bei meinen Führungen durch die Landschaften in meiner Umgebung gewinnt das Thema „Gift am Wegesrand" bis in den Herbst hinein wöchentlich mehr an Bedeutung. Umsichtige Eltern und Großeltern werden jetzt auch den Nachwuchs auf eventuelle Gefahren aufmerksam machen.

Duftkräuter – treten erlaubt

Eine nette Art Kräuter mit Füßen zu treten, um deren Duft genießen zu können, ist die Anlage eines Duftrasens. Es gibt in der Zwischenzeit sogar speziell gezüchtete Kräuterarten, die sämtlichen „Lebendgewichten" standhalten. Hierzu gehören verschiedene Thymianarten, die maximal 10 cm hoch werden und in traumhaften Rosatönen blühen. Eine weitere Trittpflanze ist die Römische Kamille, die bei Berührung einen Kamillen-Apfel-Duft verströmt.
Wenn man keinen kompletten „Rasen" pflanzen möchte, kann man auch in so genannter Schachbretttechnik mit Steinplatten- und Kräuterfeldern eine interessante Gartenfläche zaubern.

Duftendes Erlebnis zwischen Trittplatten

Schatten für zarte Kräuter

Frisch gekeimte oder gepflanzte Kräuterkinder werden mit halbtransparenter Wachsfolie, mit einem Folientunnel oder mit einem Sonnenschirm (tatsächlich!) vor allzu großer Sonneneinstrahlung geschützt. Pflanzen hinter Glas schattiert man mit Seidenpapier am Fenster.

Märchenhaftes Kinderfest

Für Kinder könnte ich mir gut ein Pflanzenmärchenfest vorstellen, bei dem man selbst einmal das Dornröschen spielen darf und anschließend mit Leckereien aus Rosen belohnt wird. Frau Holle schüttelt ihre Betten aus, während der Holunder blüht, sodass der „Schnee" während des Festes als Holunderblütensaft für Erfrischung sorgt. Ein Familienkindergeburtstag wird mit einer Unkraut-Bowle gefeiert, an deren Herstellung sich alle beteiligen dürfen.

Unkraut als Durstlöscher – Unkraut-Bowle

Wiederholt nachmulchen

Auf diese recht preisgünstige Art und Weise ist es möglich, einige Liter Gießwasser zu sparen. Rasenschnitt und Pflanzenschnitt, aber auch pflanzliche Abfälle aus der Küche wie Gemüseschalen und Salatreste können als Mulchmaterial verwendet werden. Man beugt so einer allzu schnellen Verdunstung vor und gibt dem Boden auf diesem indirekten Weg „Nahrung".

Blütenstände ausbrechen

Um im Sommer die Ernte von Blattkräutern oder Gemüsen zu verlängern, ist es möglich, die ersten Blütenstände auszubrechen. Dies sollte aber nicht häufiger wiederholt werden, da es sich hierbei um eine gewisse Ausbeute der Pflanze handelt – irgendwann wird sie sich verabschieden!

Kräuter schneiden

Kräuterstauden danken Ihnen mit üppigem Wachstum und Grün, wenn sie den Sommer über immer wieder geschnitten werden. Scheuen Sie sich also nicht, im Kräutergarten aus dem Vollen zu schöpfen!

Kräuterjauche zur Stärkung

Um Pflanzen gesund und widerstandsfähig zu erhalten brauchen sie eine ausgewogene Nährstoffversorgung. Diese wird häufig mit chemischen Mitteln betrieben. Es besteht aber neben dem rein

pflanzlichen und altmodischen Kompost noch die Möglichkeit der biologischen Düngung mit Hilfe von Pflanzenjauchen. Sie können sich sicherlich vorstellen, welcher Methode eine Kräuterhexe den Vorrang einräumt.
Neben der viel zitierten Brennnessel eignen sich noch: Beinwell, Fenchel und Kamille, Rote-Beete-Blätter und man höre und staune Unkräuter wie Vogelmiere, Hirtentäschel, Löwenzahn, Ehrenpreis und nicht zu vergessen das Zinnkraut.

Raupen & Schnecken

Zu den „Sommerfreuden" eines jeden Gärtners zählen auch Arbeiten, die sich eher im Tierreich abspielen. Raupen und Schnecken sind in jedem Garten zu finden – leider! Es gibt ausgeklügelte Verfahren und Tricks, wie man sich von diesen Mitessern befreien kann.
Durch einen vielfältigen Blumenanbau werden Nützlinge wie Florfliegen angelockt. Ich überlasse die Raupen weitgehend den Vögeln und spritze nur in Ausnahmefällen mit einem geeigneten Mittel. Schnecken werden unter Blättern oder Brettern „gesammelt" und entsorgt, es sei denn, mein Igel ist schneller. Es gibt jedoch auch Schneckenzäune und Bierfallen, aber das alles macht die Angelegenheit nicht appetitlicher.

Mehltau & Co.

Mit den schon erwähnten Kräuterjauchen kann ich schon durch die Stärkung der Pflanzen dafür sorgen, dass diese weniger anfällig sind.

Brennnessel und Comfrey auf dem Weg, ein Stärkungsmittel zu werden.

An kühlen und feuchten Sommertagen lässt sich ein Befall mit Mehltau und Rostkrankheiten aber nicht ausschließen. Befallene Pflanzen wie Salbei, Rosen, Minzen, Melisse werden zunächst einmal radikal zurückgeschnitten und das Schnittgut verbrannt oder in die Mülltonne befördert. Bei wiederholtem Befall kann ein Versetzen an eine andere Stelle im Garten helfen.
Befallene Balkonkräuter müssen allerdings komplett entsorgt werden, da ihnen das Standortklima offensichtlich überhaupt nicht gut tut. Achten Sie schon beim Kauf auf gesunde, langsam kultivierte Exemplare.

Duftrosen kombinieren

Es lohnt sich, mit Duftrosen im Garten eine besondere Ecke zu gestalten, um voll in ihren Genuss zu kommen. Gruppenpflanzungen mit Lavendel, Salbei, Ysop, Frauenmantel oder Katzenminze verstärken die Wirkung noch durch ihre Farben und den ihnen eigenen spezifischen Duft.

Traumhaft blaue Blüten

Früher glaubte man, dass Borretsch fröhlich mache und Traurigkeit vertreibe. Bezeichnungen wie Herzfreude, Liebäuglein oder Wohlgemutsblume sind darauf zurückzuführen. In der Tat hat der Borretsch mit seinen wunderschönen blauen Blüten und den nach frischen Gurken schmeckenden Blättern etwas Aufheiterndes an sich. Als Heilpflanze wirkt Borretsch blutreinigend, Schleim lösend und herzstärkend. Das saftige Kraut würzt Salate, Quark, Eierspeisen und kalte Soßen.

Zitronenverbene als Ampelpflanze

Eine prächtige Kübelpflanze

In unseren Breiten kann man die wohlriechende Zitronenverbene gut als Kübelpflanze halten. So kann man den ganzen Sommer über die frischen Blätter pflücken und nebenbei einen Trockenvorrat für den Winter anlegen.

Neupflanzung im Sommer

Es ist auch im Sommer möglich, Pflanzen neu zu setzen, wenn man dabei einige Dinge berücksichtigt: Frisch erstandene Topfkräuter werden erst einmal gründlich gewässert. An einem möglichst trüben Tag werden die Pflanzen dann an Ort und Stelle gesetzt. Dazu wird das Pflanzloch großzügig ausgehoben und mit Wasser gefüllt. Während dieses einsickert, kann man klein geschnittene Brennnesseln oder Zinnkraut zur Stärkung zugeben.

Nach dem Einpflanzen wird nochmals kräftig angegossen, damit sich die Erde um die Wurzeln herum gut setzt. Jetzt wird das Kraut, auch wenn es noch so schön blüht, kräftig zurückgeschnitten, damit sich die Pflanze ganz auf das Anwachsen konzentrieren kann.

Wasserbedarf

Ein Staudenkräutergarten kann sehr wohl mit dem Wasser, das von „oben kommt", existieren und das selbst in den Sommermonaten. Eine ganze Reihe von Duft-, Heil- und Würzkräutern bevorzugen sogar solche Trockenperioden, um dann um so mehr Aroma ausbilden zu können. Lediglich nach einer Neupflanzung helfe ich mit Wasser aus dem Kanister nach, um ein gutes Einwachsen der Stauden zu gewährleisten.

Der Sommer kommt!

Der Sommer beginnt für eine Kräuterhexe dann, wenn sich die Blüten der Bibernell-Rose öffnen. Die blassgelben, nach Zitrone duftenden, einfachen Blüten öffnen sich bereits Ende April und sind für mich ein Zeichen dafür, dass der Sommer Einzug hält. Der Übergang vom Frühling in den Sommer geschieht langsam, denn die ersten Wildrosen öffnen sich bereits, wenn die späte Frühlingsflora wie Maitulpen, Obstbäume und Wiesen noch in voller Blütenpracht steht.

„Gold" im Bauerngarten

Zu einem Bauerngarten gehören immer auch Blumenrabatten. Inmitten von Lobelien, Ringelblumen, Tagetes, Feuer-Salbei und anderen Blumen befand sich im Garten meiner Oma eine Rose, deren Duft und Farbe ich nicht vergessen konnte. Als ich meinen eigenen Garten anlegte, erinnerte ich mich an jene Rose – eine 'Sutters Gold'. Seit vielen Jahren erfreut mich nun diese Rose meiner Kindertage mit ihrer goldenen Farbe und mit ihrem traumhaften Duft.

Diese Wildrosenart gedeiht nur im milden Weinbauklima.

Vielfältige Malvengewächse

Die Familie der Malvengewächse ist eine interessante Sippschaft. Übermannsgroße Stockrosen, der etwas niedrigere Eibisch mit seinen zartrosa Blüten, die Moschus-Malve, die Trichter-Malve im Blumenbeet und die niedrige Wege-Malve gehören zu dieser Großfamilie.
Nicht alle Malvenarten zählen zu den heilkräftigen Gewächsen. Diejenigen aber, die sich als Heilpflanze eignen, verfügen über einen hohen Schleimstoffgehalt und sind ideal gegen festsitzenden Husten.

Ein mediterraner Gast

Der Echte oder Garten-Salbei stammt aus der Mittelmeerregion und kommt bei uns nicht wild vor. Im Garten braucht er einen sonnigen Standort mit trockenem, durchlässigen Boden. Er gedeiht auch gut als Topfpflanze.

Küchenkräuter-Klassiker

Zu den klassischen Küchenkräutern, wie sie die Großmutter bereits kannte, gehören: Petersilie, Schnittlauch, Dill, Kerbel, Borretsch, Pimpinelle, Majoran, Melisse, Kresse, Zwiebeln, Bohnenkraut und Liebstöckel. Es handelt sich hierbei um Kräuter für den humosen und eher feuchten Kräutergarten. Mit Ausnahme von Borretsch, Zwiebeln und Liebstöckel können alle diese Würzpflanzen auch in Balkonkästen oder Kübeln gehalten werden, wobei die Qualität selbst bei guter Pflege immer etwas unter den beengten Verhältnissen leidet.

Sie schmecken roh, gekocht, gegrillt, überbacken ...

Richtige „Ernte-Zeit"

Die beste Zeit zum Ernten liegt zwischen zehn und dreizehn Uhr, also genau zu jener Tageszeit, in welcher man sich einen anständigen Sonnenbrand holen kann. Darum sollte man an eine Kopfbedeckung denken. Diese Tageszeit ist aber wichtig, denn der Morgentau ist abgetrocknet und der Nachmittagsdunst eines Sommertages noch nicht vorhanden. Nur so kann ich die Trocknungszeit für meine Kräuter so gering wie möglich halten. Aus diesem Grunde sammle ich auch nicht bei Regen oder feuchter Witterung.

Stillleben mit Kerbel, Schnittlauch, Krauser Petersilie & Co.

Zucchini-Schwemme

Es ist noch gar nicht so lange her, da waren Zucchini bei uns völlig unbekannt. Aber nachdem man die Liebe zur mediterranen Lebensart entdeckt hatte, wollte man auch bei uns, zumindest in der Küche, die Urlaubsgefühle verlängern und begann die Bestandteile der mediterranen Küche selbst zu ziehen. Gelegentlich wird man der gerufenen Geister nicht mehr Herr. Mein Vorschlag gegen die sommerliche Zucchini-Schwemme: Genießen Sie auch die leckeren Blüten!

Haupterntemonat August

Der August ist in unseren Breiten und im umgebenden Ausland der Urlaubsmonat schlechthin. Aber auch die Haupterntezeit für Sommerkräuter fällt neben Juni, Juli und September noch mit in diesen Monat. „Was tun?" sprach einst Zeus und auch uns Kräutergärtnern, soweit wir schulpflichtige Kinder haben, stellt sich diese Frage. Mein Tipp: Ernten Sie vor Ihrem Urlaub so viel wie möglich in Ihrem eigenen Garten und nutzen Sie Ihren Urlaubsort, wo immer er sich auch befindet, zur Kräuter-Ernte vorort. Ein gut angelegter Kräutergarten kann durchaus ein paar Tage ohne Sie überleben.

Blatt für Blatt wandert in das Erntekörbchen.

Blütenkräuter ernten

Ob ich nur einzelne Blätter abzupfe oder ganze Büschel abschneide, hängt davon ab, wie groß eine Pflanze ist und was ich davon brauche. Blüten, z. B. von Ringelblumen, Rosen, Lavendel oder Schafgarbe, werden natürlich einzeln abgezupft. Salbei- und Melissenblätter werden ebenfalls einzeln abgezupft und auf einem mit Stoff bezogenen Holzrahmen getrocknet. Pfefferminze, Thymian, Rosmarin, Oregano und andere ernte ich büschelweise und streife die Blätter erst nach dem Trocknen ab.

Ernte der „Krautdrogen"

Diese werden ebenfalls vor der Blüte, in einzelnen Fällen auch erst zu Beginn der Blüte geschnitten. Zinnkraut, Hirtentäschel, Löwenzahn, Goldrute, Waldmeister, Quendel und andere werden als ganzes Kraut geerntet und nach dem Trocknen zerkleinert.

Gründüngung im August

Abgeerntete Beete soll man nicht sich selbst überlassen. Denn es muss für eine ausreichende Schattierung der Fläche gesorgt werden, um Regenschäden bzw. Trockenschäden zu vermeiden. Auch ein Ausbreiten von Wildbegleitkräuterwuchs durch Samenflug – sprich Verunkrautung – ist nicht gerade förderlich. Aus diesem Grund ist es sinnvoll, für die Bodenregeneration, Gründünger wie *Phacelia* (Bienenweide), Senf oder Tagetes auszusäen.

Aussaat zweijähriger Kräuter

Nach Ihrem Urlaub fällt Ihnen die Arbeit im Kräutergarten sicherlich leichter. Denn jetzt können Sie Ihre zweijährigen Kräuter direkt ins Land säen. Diese sollten bis zum Keimen etwas feucht gehalten werden, was nur gelingt, wenn Sie wieder voll da sind. Und das in mehrfacher Hinsicht.

Folgeaussaat von Dill & Co.

Ende August bis Anfang September ist es möglich, Folgeaussaaten nach einer bereits erfolgten Kräuter-Ernte durchzuführen. Dill, Kerbel, Knoblauchsrauke u. a. können durch eine kurze Vegetationsperiode noch einmal aufgehen und zu einer entsprechenden Ernte führen. Auch Thymian kann im August noch einmal für eine Ernte im nächsten Sommer ausgesät werden, allerdings auch nicht später, da die Pflänzchen sonst keine Zeit mehr haben, sich zu stärken, sprich auszureifen, um den Winter zu überleben.

Mittelmeerkräuter lieben Hitze

Wer diese würzigen Südländer gerne in der Küche verwenden möchte, sucht sich am besten die trockenste und heißeste Stelle im Garten aus, um dort seine Küchenschätze anzubauen. Es darf auch durchaus etwas steinig zugehen.
Das ausdauernde Berg-Bohnenkraut, Beifuß, Oregano, Thymian, Quendel, Heiligenkraut, Salbei, Rosmarin, Koriander, Lavendel und Ysop werden sich unter solchen Bedingungen zu üppigen und aromatischen Exemplaren entwickeln. Lorbeer und Basilikum sind ebenfalls Vertreter aus den Ländern jenseits der Alpen. Diese beiden sollten jedoch am besten in Töpfe oder Kübel gepflanzt werden.

Zeit der Wegeriche

Die Blätter des Spitz-Wegerichs werden vor der Blüte geerntet, klein geschnitten und danach rasch an einem warmen, schattigen Ort getrocknet. Auf diese Art wirken sie hervorragend als Hustentee – sowohl bei einem festsitzenden wie auch bei einem „feuchten“ Husten.
Ich habe aber von den Wegerichen in der Mehrzahl gesprochen, denn neben dem

Spitz-Wegerich gibt es noch den Mittleren- und den Breit-Wegerich.

Zauberpflanze Glücksklee

Seine Kleeblätter können dreiblättrig, vierblättrig oder auch vielblättrig sein. Am bekanntesten ist sicherlich das vierblättrige Kleeblatt. Bei den keltischen Druiden durfte diese Zauberpflanze nie fehlen und sie gilt bis in unsere Zeit als Glücksbringer. So wird sie – oft mit einem Schornsteinfeger oder Glücksschweinchen dekoriert – als hübsches Mitbringsel angeboten.

Duftende Nachtkerze

Der ungewöhnliche Name dieser im 17. Jahrhundert aus Nordamerika eingebürgerten, bis zu zwei Meter hoch wachsenden, zweijährigen Staude ist einfach zu erklären: Die blassgelben, stark duftenden Blüten öffnen sich erst nach Sonnenuntergang, um Nachtfalter anzulocken. Eine andere Bezeichnung – „Schinkenkraut" – bezieht sich auf die essbare, rötliche Wurzel.

Glücksklee liebt einen hellen Standort am Fenster.

Ein Fest im Kräutergarten

Dieses könnte z. B. unter dem Motto einer einzelnen Pflanze stehen, wie z. B. ein „Oregano-Fest". Die Tischdekoration und die angebotenen Speisen bestehen dann entweder nur oder aber in der Hauptsache aus diesem Kraut.
Kleine Sträußchen aus Oregano und anderen Duft- und Würzkräutern liegen für jeden Gast auf seinem Teller bereit, damit man sie anschließend mit nach Hause nehmen kann. Solche Würzsträußchen eignen sich hervorragend zum Trocknen, sodass der gesellige Abend noch lange in duftender Erinnerung bleibt. Auf diese Art können Sie sogar noch so mancher Speise im Nachhinein ihre Würze verleihen.

Rosensträuße trocknen

Jetzt im Sommer ist das Angebot an Blumen und Rosen auf den Wochenmärkten besonders groß und relativ günstig. Denken Sie also schon an die Trockendekoration für Herbst und Winter. Die Qualität der Rosensträuße lässt jetzt ohne weiteres eine Trocknung zu. Gönnen Sie sich den Luxus und kaufen Sie bundweise Rosen in verschiedenen Farben!

Kräuter zum Trocknen an einem luftigen Ort aufhängen.

Küchentipps

Kräuter sogleich verarbeiten

Für alle Erntekräuter gilt, dass sie unbedingt noch am selben Tag verarbeitet werden sollten. Sei es nun zum Trocknen oder für die Verwendung als Frischkräuter in Tee, Öl, Essig, Schnäpsen oder tiefgefrostet für die Küche. Nur durch die rasche Verarbeitung behalten sie das volle Aroma und ihre Heilkraft.

Im Kühlschrank aufbewahren

Frisch geschnittene Kräuterbündel (Petersilie, Weinbergslauch, Dill, Gartenrauke, Sauerampfer) lassen sich zwei bis drei Tage im Kühlschrank aufbewahren. Gekaufte Kräutersträußchen sollte man zunächst am unteren Ende abschneiden und zur Erholung ins Wasser stellen. Danach werden sie frisch angeschnitten. Kräuter anfeuchten und in eine Plastikdose oder einen Plastikbeutel verpacken. Kühl und feucht aufbewahrt, behalten sie ihre Frische bis zu drei Tage.

Optimale Trockenkräuter

Alle mediterranen Kräuter wie Oregano, Thymian, Rosmarin und Bohnenkraut lassen sich hervorragend trocknen. Aber auch Wildkräuter wie Frauenmantel, Johanniskraut, Schafgarbe, Hirtentäschel oder Spitzwegerich und Teekräuter wie Pfefferminze, Melisse oder Kamille sind eher zum Trocknen als zum Einfrieren geeignet.

Trocknen in der Mikrowelle?

Hilfe! Soviel Zeit sollten wir uns für diese Schätze aus der Natur nehmen, dass ein solches Gerät nicht notwendig ist. „Gut Ding will Weile haben" und nicht zerstört werden ...

Kräutersamen trocknen

Von einjährigen Kräutersorten lohnt es sich, Samen für das nächste Jahr selbst zu ernten. Man lässt hierfür einige Exemplare zur Blüte kommen und die Samenstauden reifen, und streift diese so spät wie möglich von der Pflanze. Das Saatgut wird einige Tage an der Luft getrocknet und dann in beschriftete Tütchen verpackt. Kühl und trocken aufbewahrt, warten dann die verschiedenen Kräutersamen auf ihren Einsatz im nächsten Frühjahr.

Dekorative Eiswürfel

Eine schöne Dekoidee für den Sommer bzw. die Sommerparty sind Kräuterblüten in Eis. Hierfür eignen sich alle dekorativen Blüten wie Borretsch, Ringelblumen, kleine Rosen, Ysop oder Kapuzinerkresse. Sie werden mit Wasser in Eiswürfelformen eingefroren. Da es sich bei ihnen allesamt um essbare Blüten handelt, dürfen sie auch in den Getränken „schwimmen".

Kräuter einfrieren

Kräuter sollten immer unzerkleinert, d.h. die ganzen Blätter und ohne zusätzliche Wassergabe (Waschwasser) eingefroren werden. Gewaschene Kräuter trockentupfen und flach in Gefrierbeutel legen, nach dem Schockfrieren zerkleinern, um Platz zu sparen. Kräuter können auch in Eiswürfelformen vorportioniert werden. Bei Zitronen-Melisse wird z.B. ein Würfel auf eine Tasse Tee verwendet.

Optimale „Tiefkühlkräuter"

Zu den Kräutern, die sich zum Einfrieren eignen, gehören: Zitronen-Melisse, Liebstöckel, Schnittlauch, Petersilie und Dill. Zerkleinert können die Kräuter besser portioniert und entnommen werden.

Blau schimmern die Borretschblüten durch das Eis.

Würziger Duft – Ysop

Dieser ausdauernde Kleinstrauch wird traditionell als Heil- und Würzpflanze genutzt. Die blauvioletten, rosafarbenen oder weißen Blüten erscheinen im August. Nach einem Rückschnitt blüht mein Ysop meist noch einmal im September und Oktober. Der würzige Duft der Blätter erinnert an Bohnenkraut und Kampfer; das Aroma verliert sich aber beim Trocknen sehr schnell.

Ysopblätter und -blüten sollten daher frisch verwendet werden. Die Blätter werden fein gehackt und würzen in der Küche Salate, Eintöpfe, Kartoffelsuppen, Fleischgerichte oder Bohnengemüse. Die Blüten eignen sich als florale Beigabe zu Tomaten- oder Gurkensalat. Mit frischen Ysopblättern und anderen Kräutern setze ich meinen Sommerkräuter-Essig an.

Erfrischende Zitronen-Melisse

Die Blätter der Zitronen-Melisse können frisch geerntet eingefroren und im Winter als wohltuender Tee oder zum Aromatisieren von Süßspeisen verwendet werden, denn das zitronig duftende Öl bleibt auf diese Weise erhalten.

Mit Rosen würzen

In arabischen Ländern werden Speisen und Getränke traditionell mit Rosenwasser und Rosenöl gewürzt.
Auch unsere heimischen Apfel- oder Essigrosen (*Rosa gallica*) eignen sich für so manche duftende Spezialität. Rosenblüten werden immer schon am frühen Vormittag geerntet. Rosenblüten-Tee wirkt kühlend und stoffwechselanregend, die Blüten geben einer Teemischung auch optisch eine spezielle Note.

Indianernessel für Sommer-Tee

In manchem Staudenbeet findet sich eine interessante Pflanze, über deren „innere“ Werte aber nur wenige Bescheid wissen.

Die Monarde (*Monarda didyma*) oder Indianernessel kam aus der Neuen Welt zu uns nach Europa. Ihre feuerroten Blütenstände erinnern an indianische Federbüsche. Die Blätter schmecken nach Zitrone und ergeben einen hervorragenden Sommertee. Die Monarde ist auch als Goldmelisse oder als Oswegotee bekannt, man bekommt sie in gut sortierten Staudengärtnereien.

Würzkräuter-Sträußchen

Viele Menschen schätzen zwar den Geschmack, möchten aber nicht unbedingt auf Lorbeer-, Thymian-, Rosmarin- oder Salbeiblätter beißen. Darum bindet man ein oder zwei Kräutersträußchen aus Zweigen und Blättern und gibt diese während des Garens in den Topf.

Kurz vor dem Servieren werden die Kräuter wieder entfernt, somit macht sich lediglich noch das Aroma angenehm bemerkbar.

Kräuterhexen-Pizza

Grundteig aus 250 g Mehl (1:1-Mischung von Dinkel- und Weizenmehl), einem halben Würfel Hefe, Wasser und Olivenöl: Die Hefe wird in einer Tasse mit warmem Wasser und einer Prise Zucker aufgelöst. Das Mehl in eine Schüssel sieben, die Hefemischung in eine Vertiefung in der Mitte gießen und am Rand mit Mehl zudecken. An einem warmen Platz eine halbe Stunde gehen lassen, danach den Teig gut durchrühren, bis er sich vom Schüsselrand ablöst und eine gleichmäßige Kugel bildet. Nochmals 30–45 Minuten gehen lassen, dann zu einer Platte auswellen (ca. 1,5 cm dick).
Der Belag besteht aus Tomatenpüree (ca. 400 g), das mit je einem halben Teel. Meersalz, Oregano, Pfeffer und zwei gepressten Knoblauchzehen gewürzt wurde. Darauf kommt gedämpfter Wildspinat (300 g Brennnesselblätter, 50 g Salatrauke, 50 g Löwenzahn- oder Meldeblätter, 100 g Weinberglauch und fünf Blätter Sauerampfer).
Darüber je nach Gusto noch Knoblauchstückchen, Maiskörner, Tomatenwürfel und viel Mozzarella verteilen. Bei 170 °C etwa 20 Minuten backen (Umluft). Tipp: Wenn man das Blech vorab mit Maisgries bestreut, wird der Boden besonders knusprig!

Kräuterhexen-Pizza – „das Original“

Kräuteröl – Grundrezept

Öl und Wasser vertragen sich bekanntlich nicht miteinander. Darum sollte man nur absolut trockene Kräuter für ein Kräuteröl verwenden. Rosmarin, Lavendel und Thymian haben auch im frischen Zustand einen sehr geringen Wasseranteil in ihren Pflanzenzellen. Diese drei Kräuter können daher ungewaschen direkt ins Öl eingebracht werden. Man nimmt drei bis fünf frische Zweige auf einen Liter Öl oder zwei bis vier Essl. getrocknete und zerkleinerte Kräuter.
Beim Auffüllen genau darauf achten, dass alle Pflanzenteile mit Öl bedeckt sind. Der Ansatz wird ein bis zwei Wochen an einen hellen Platz – aber nicht in die direkte Sonne – gestellt. Nach dieser Zeit werden alle Kräuter auf den Flaschengrund „abgetaucht“ sein. Nach dem Abfiltrieren das Öl innerhalb von drei bis vier Monaten verbrauchen, dabei kühl und dunkel lagern. Als Basisöle eignen sich kaltgepresste Oliven- oder Sonnenblumenöle aber auch Distel- oder Sojaöl.

Zitronenschalen – für die besondere Note bei Essig und Öl.

Zitrus zur Geschmacksabrundung

Ungespritzte Zitronenschale verleiht so manchem Würzöl eine fruchtige Note und mit kandierten Orangen- oder Zitronenstückchen können Sie den intensiven Geschmack eines Kräuteressigs harmonisch abrunden.

Estragon-Essig

Eine gründlich ausgespülte 0,5-Liter-Flasche wird zur Hälfte mit einem guten Weißwein-Essig (Säuregehalt mind. 5 %) gefüllt. Dazu kommen drei bis vier Zweige Französischer Estragon. Mit Essig auffüllen und den Ansatz danach 14 Tage im Hellen ziehen lassen. Nun ist der Estragon-Essig fertig zum Gebrauch. Auf diese Art und Weise können aus vielen Küchenkräutern Würzessige hergestellt werden.

„Salsa verde"

Im ersten Arbeitsgang wird eine Scheibe Toastbrot (ohne Rinde) mit etwas Olivenöl getränkt und eingeweicht. Ein Bund frische Kräuter möglichst fein wiegen. Mit einer Gabel das Brot zerdrücken und noch eine viertel Tasse kalte Fleisch- oder Gemüsebrühe dazugeben. Auf diese Weise entsteht eine Art Brei. Nun werden die gewiegten Kräuter, etwas Öl, ein Essl. Essig, zwei Essl. Kapern, Senf und zwei zerdrückte Knoblauchzehen sowie ggf. etwas Salz dazugegeben und mit dem Brotbrei vermischt. Eine weitere viertel Tasse Brühe dazugeben, das macht das Ganze sämig. Die Soße sollte jetzt eine cremig-feste Konsistenz aufweisen. Zum Schluss werden zwei gekochte Eier gehackt und untergehoben, wobei Eigelb und Eiweiß getrennt eingearbeitet werden.

Fischfilet mit Kräutersoße

Drei Fischfilets (Kabeljau, Rotbarsch oder Dorsch) abwaschen, trockentupfen, mit Zitronensaft beträufeln. Ein Bund Lauchzwiebeln in Ringe schneiden, ein Bund frische Dillblätter (oder Französischer Estragon) abzupfen und ggf. etwas kleinschneiden.
Fischstücke salzen und mit Mehl bestäuben, Butterschmalz in einer Pfanne erhitzen und die Fischfilets darin anbraten (ca. 2 Min. von jeder Seite) und aus der Pfanne nehmen. Jetzt die Lauchzwiebeln im Bratfett andünsten, mit einem halben Liter Gemüsebrühe ablöschen, einen Becher Crème fraîche unterrühren.

Die Fischstücke und die frischen Kräuter dazugeben und in der geschlossenen Pfanne noch 15 Minuten garen. Die Soße noch mit Salz und Pfeffer abschmecken.

Gegrillte Auberginen

Auberginen waschen und in ca. 1 cm dicke Scheiben schneiden. Auslegen und mit Salz bestreuen. Den braunen Saft abtupfen, von beiden Seiten mit Olivenöl einpinseln und jede Seite etwa fünf Minuten auf dem Grill bräunen. Beim Wenden evtl. nochmals mit Öl bestreichen. Auf einer Platte anrichten und mit Paprika-Paste oder Basilikum-Pesto bestreichen.

Für die Paprika-Paste zwei Paprikaschoten flach auf dem Backblech auslegen und grillen, bis sich schwarze Blasen bilden. Mit einem kalten, feuchten Tuch abdecken und abkühlen lassen. Die Haut abziehen und das Fruchtfleisch kleinschneiden; mit einer abgezogenen Tomate und zwei Knoblauchzehen in Öl andünsten. Mit Salz und einem Schuss Essig völlig einkochen lassen, abkühlen lassen und anschließend mit Olivenöl zu einer Paste verühren.
Für das Basilikum-Pesto ein Bund Basilikum und eine Knoblauchzehe im Mixer mit einer Prise Salz, reichlich Olivenöl und geriebenem Parmesankäse zu einer Paste vermischen.

Zu gegrillten Auberginen mit Paprika-Paste und Basilikum-Pesto passt frisches Brot.

Liebstöckel – Maggikraut

Eine Staude im Kräutergarten reicht über Jahre aus, um eine ganze Familie mit reichlich Suppenkraut zu versorgen. Die Pflanze – auch Maggikraut genannt – braucht einen eigenen Platz, denn die Stängel können bis zu zwei Meter hoch werden.

Kräuterbutter

Je ein Teel. kleingehackte oder pürierte Kräuter wie Pimpinelle, Schnittlauch, Kresse, Basilikum, Feldsalat oder Kerbel sowie ein Hauch Korianderpulver, drei Lavendelblüten und zwei zerdrückte Knoblauchzehen werden mit 250 g weicher Butter und etwas Zitronensaft mit einer Gabel gut vermischt, bis die Butter gleichmäßig aussieht. Danach füllt man die Masse in eine Keramikform und lässt sie im Kühlschrank fest werden. Kräuterbutter kann auch eingefroren werden.

Hähnchen mit Basilikum & Co.

Vier Hähnchenkeulen abwaschen und trockentupfen. Mit einem Zahnstocher die Haut einstechen und mit Rosmarin-Nadeln spicken. Zwei Essl. Olivenöl mit Pfeffer und Salz verrühren und die Keulen damit einpinseln. Die Fleischstücke von jeder Seite etwa zehn Minuten grillen, bis der Fleischsaft klar austritt.
In der Zwischenzeit in einer Pfanne eine in Ringe geschnittene Schalotte in wenig Öl goldgelb andünsten, mit einem viertel Liter Weißwein ablöschen und einmal

Ein Gelee mal deftig und nicht süß

aufkochen lassen. Von der heißen Platte nehmen, einen halben Becher süße Sahne einrühren. Feingewiegte Kräuter (ein Bund Basilikum oder gemischte Gartenkräuter) und die Hähnchenkeulen hineingeben und noch fünf Minuten auf kleiner Flamme ziehen lassen. Mit Weißbrot servieren.

Pikantes Tomaten-Gelee

Ein Kilogramm reife Tomaten werden heiß überbrüht und geschält. Dann in Stückchen geschnitten und durch ein sauberes Küchenleintuch gepresst. Der Tomatensaft wird abgemessen, mit Salz, Pfeffer und ein bis zwei Essl. Aceto balsamico gewürzt, mit einem kaltlöslichen Geliermittel, z.B. Agar-Agar, verrührt (laut Angabe auf der Packung) und in eine Puddingform gegossen. Im Kühlschrank über Nacht gelieren lassen, dann auf einen flachen Teller oder eine Platte stürzen und mit Salatblättern oder Karotten und Gurkenscheiben garnieren. Dazu schmeckt ein Knoblauchbaguette aus dem Ofen.

Sommerkräuter-Suppe

250 g Karotten werden geputzt und in fingerlange Stückchen geschnitten. Eine Zwiebel und eine Knoblauchzehe werden in Würfel geschnitten und in einem Topf in Olivenöl glasig gedünstet. Die Karotten dazugeben und noch einmal kurz andünsten. Mit einem Liter Wasser aufgießen, mit einem Essl. Meersalz und zwei Stängeln Liebstöckel würzen. Die Karotten werden gekocht, bis sie weich

Das „Finishing": Süße-Sahne-Kleckse und Karottenstückchen-Garnitur

sind (ca. 15 Minuten). Inzwischen werden Gartenkräuter wie Kerbel, Petersilie, Schnittlauch, Thymian, Borretsch, Bohnenkraut, Giersch und Brennnesselblätter fein gehackt und in die Suppe gegeben. Noch fünf Minuten weiterköcheln. Zum Schluss püriert man die Karotten mit den Kräutern und es kann sein, dass Sie noch etwas Wasser ergänzen müssen.

Vielseitiger Koriander

Fein gemahlene Koriandersamen bereichern Curry-Mischungen, Koriander würzt Fischgerichte und ist Bestandteil von Würzmischungen für Brot oder Lebkuchen. Aber auch das frische Grün ist toll zum Würzen.

Kräuter-Gemüse-Reis

Zwei Frühlingszwiebeln in Röllchen schneiden und mit 2 Essl. Olivenöl in einem Topf andünsten. Eine Tasse gewaschenen Naturreis dazugeben, kurz anrösten, mit zwei Tassen Wasser aufgießen und 20 Minuten zugedeckt köcheln lassen.
Inzwischen eine in Streifen geschnittene Paprikaschote, eine in Stückchen geschnittene Stange Lauch und zehn abgezogene, in Scheiben geschnittene Champignons kurz in Butter andünsten und mit Gemüsebrühe ablöschen. Fünf Minuten garen lassen und anschließend unter den Reis mischen. Auf Teller verteilen. Einen halben Bund Rucola und zwei Liebstöckelblätter hacken und zusammen mit zwei Essl. Schnittlauch-Röllchen darüberstreuen.

Apfelbrot mit Minze

Für den Teig lassen Sie zunächst 750 g geschälte und klein gehackte Äpfel über Nacht in einem Liter Rum und 200 g Zucker ziehen. Am nächsten Tag werden 500 g Mehl, eineinhalb Päckchen Backpulver, zwei Essl. Kakaopulver, ein Essl. Zimt gemischt und die Apfelmasse nach und nach dazugegeben. 150 g ganze Haselnüsse kommen dazu und zum Schluss zwei Essl. fein gewiegte Pfefferminze oder Duftgeranienblätter mit feinem Minzaroma. Im Römertopf oder in einer Kastenform wird der Kuchen etwa eine Stunde bei 200 °C gebacken und nach dem Erkalten mit Puderzucker bestäubt.

Waffeln mit Sommerbeeren-Sahne

Für die Waffeln werden 125 g Fett, 50 g Zucker, zwei Eier und drei Teel. Vanillezucker schaumig geschlagen. 250 g gesiebtes Dinkelmehl, vermischt mit einem Teel. Backpulver werden nach und nach dazu-

Waffeln esse ich am liebsten in Herzform.

gegeben. Zum Schluss ein viertel Liter Milch einrühren und diesen Teig portionsweise im Herzwaffeleisen backen. Für die Sommerbeeren-Sahne frische Erdbeeren und Himbeeren (insgesamt 250 g) waschen und trockentupfen. Kurz im Mixer pürieren und vorsichtig unter einen Becher steif geschlagene Sahne heben. Auf jedes Waffelherz einen Klecks Sahne geben und mit Puderzucker bestäuben.

Waffeln mit Honig-Zimt-Sahne

125 g Fett, 25 g Rohrzucker, zwei Eier und ein Päckchen Vanillezucker schaumig schlagen. 250 g gesiebtes Dinkelmehl mit einem Teel. Backpulver vermischen und nach und nach dazugeben. Zum Schluss einen viertel Liter Milch einrühren. Den Teig portionsweise im Herzwaffeleisen ausbacken. 100 ml flüssigen Honig (Akazienhonig) mit 50 ml Süßer Sahne und einer gehäuften Messerspitze Zimtpulver verrühren. Die Waffeln mit dieser Mischung dünn bestreichen und immer zwei Herzstücke aufeinander legen. Mit einem Klecks steif geschlagener Sahne und frischen Beeren servieren.

Zucker mit Pfefferminze

Parfümieren Sie doch einfach mal Zucker mit einigen grob zerhackten Pfefferminzblättern. Das Aroma überträgt sich auf den Zucker und verleiht so manch einer Beerennachspeise eine erfrischend minzige Note und eine verdauungsfördernde Nuance.

Apfelpfannkuchen

Aus drei bis vier Tassen Dinkelmehl, ein bis zwei Eiern, einer Prise Salz, einem Essl. Zucker und einer Tasse Milch wird ein glatter Teig gerührt. Die Äpfel werden geschält, das Kerngehäuse entfernt, in ca. 1 cm dicke Scheiben geschnitten und in einer Zucker-Zimt-Mischung gewälzt. Ein Teel. Öl in der Pfanne erhitzen und eine Suppenkelle Teig hineingeben. Bevor der Teig stockt, werden die Apfelringe darauf verteilt und leicht mit Teig bedeckt. Apfelpfannkuchen wenden und auch die zweite Seite goldbraun ausbacken.

Farblich und geschmacklich eine tolle Kombination: süße, rote Beeren und frische grüne Minze

Beeren können Sie auch ganz lassen) und in den Sirup geben. 15 Minuten auf kleiner Flamme simmern lassen. Die Früchte sollten weich sein. Danach in Glasschalen portionieren und etwas abkühlen lassen. Vor dem Servieren mit der steif geschlagenen Rosenzucker-Sahne dekorieren. Besonders gut für verwöhnte Schleckermäuler wäre noch die Zugabe von Eis und Vanillesoße oder hauchdünner Pfannkuchen.

Erdbeeren – leckere Früchtchen für leckere Getränke

Zitronenkräuter-Tee

60 g Citronellgras, 10 g blaue Malvenblüten und je 20 g Verbenenblätter und Hibiskusblüten gut zusammenmischen. Pro Tasse einen Essl. davon aufbrühen und fünf Minuten ziehen lassen. Das ist eine zitronige Tee-Mischung ohne künstliches Aroma!

Kompott mit Sirup & Sahne

Für den Sirup 500 g Zucker und 65 cl Wasser sowie vier Duftgeranienblätter ein bis zwei Minuten aufkochen lassen.
Für die Rosenzucker-Sahne die Blütenblätter von zwei stark duftenden Rosenblüten (auch von Edelrosen) morgens abzupfen, nicht waschen, fein wiegen und mit 100 g Zucker im Mixer mahlen. Je nach Geschmack kann noch etwas Vanillezucker dazugegeben werden. Mit diesem duftenden Zucker wird steif geschlagene Sahne gesüßt.
Für das Kompott 500 g frische Früchte aus dem Garten klein schneiden (kleine

Frischkräuter-Tee

Nehmen Sie je eine Prise von frisch erblühten Duftrosenblütenblättern, Ananas-Salbeiblättern, Lavendelblüten, Minzeblättern, Ringelblumenblüten, Melissenblättern, Schafgarbenblüten, Salbeiblüten, Ysopblüten und -blättern für eine Tasse Tee. Sie können die Frischkräuter einzeln oder als Mischung genießen. Die frischen Pflanzenteile werden kleingeschnitten, mit heißem Wasser übergossen und nach fünf Minuten abgeseiht. Ein solcher Frischkräuter-Tee schmeckt gesüßt oder ungesüßt und löscht im Sommer auch gut gekühlt den Durst.

Erdbeer-Minze-Likör

200 g halbierte Erdbeeren und drei Stängel frische Minze (Apfelminze schmeckt am besten) werden in ein ausreichend großes Weithalsglas gegeben und mit einem Liter Obstschnaps aufgegossen. 14 Tage im Hellen stehen lassen, danach abfiltrieren und die Flüssigkeit erst jetzt mit vier Essl. Akazienhonig süßen. In eine schöne Karaffe füllen und eine Woche nachreifen lassen. Ein Sommergenuss!

Minze-Salbei-Erdbeer-Bowle

Eine Tasse abgezupfte Minzeblätter, 10 Salbeiblätter und eine Tasse halbierte, frische Erdbeeren in einem Topf mit einem Liter Apfelsaft übergießen und über Nacht stehen lassen. Am nächsten Tag abseihen und in eine 1-Liter-Saftflasche füllen. Saftgläser zur Hälfte mit diesem Auszug füllen und mit Mineralwasser aufgießen. Mit frischen Minzeblättern dekorieren.

Provence-Likör

Die Blüten von 15 Stängeln Lavendel abzupfen, mit 20 g Verbene-Blättern und der dünn abgeschälten Schale einer unbehandelten Zitrone in eine genügend große Flasche geben und mit einem Liter Obstschnaps (40 Vol.-%) auffüllen. 14 Tage im Hellen ziehen lassen, danach abfiltrieren und noch 50 g weißen Kandiszucker zufügen.

Das Ganze nochmals drei Wochen stehen lassen, bis sich der Zucker aufgelöst hat. Mit drei frischen, blühenden Lavendelstängeln und einem Stückchen abgeschälter Zitronenschale in Karaffen abfüllen.

Ein wohlschmeckender Likör, der nicht ganz so süß ist.

Provence-Likör nach Art der Kräuterhexe

Gesundheits- & Kosmetiktipps

Kräuterwein – Grundrezept

Eine kleine Auswahl geeigneter Kräuter für die Herstellung von Kräuterweinen: Angelikawurzel, Bärlauch, Schafgarbe, Rosmarin, Salbei, Weißdorn, Johanniskraut, Melisse, Lavendelblüten, Baldrian und Waldmeister.
Man benötigt 100–150 g einer Kräutersorte oder einer Mischung auf einen Liter trockenen Weißwein. Man lässt diesen Auszug gut verschlossen acht Tage ziehen und filtriert anschließend sehr sauber ab. Danach wird das Filtrat in saubere Flaschen abgefüllt und kühl und dunkel aufbewahrt. Die Haltbarkeit beträgt ca. ein halbes Jahr.

Salbeiwein – hier die Zutaten – kühlt an heißen Tagen.

Kühlender Salbeiwein

In eine Flasche mit einem halben Liter Inhalt gebe ich fünf Zweige Salbeiblüten und einen Zweig Rosmarin. Das Ganze wird mit einem trockenen Rot- oder Weißwein aufgegossen und zwei Wochen ins Helle gestellt. Die Fensterbank ist ein idealer Ort. Danach wird der Inhalt gründlich filtriert und in die Flasche zurückgefüllt.
Nach Anbruch sollte die Flasche nicht sofort (auch wenn es noch so gut tut), aber innerhalb einer Woche verbraucht werden, da der Wohlgeschmack sonst verloren geht. Er schmeckt am besten als Schorle mit leicht gekühltem Mineralwasser. Salbeiwein darf nicht während Schwangerschaft und Stillzeit genossen werden.
Bei der Rezeptur mache ich mir die Heilwirkung des Salbeis zu Nutze. Er wirkt schweißreduzierend und kräftigend. Er stärkt den Kreislauf durch ätherische Öle und Kampfer, was dadurch verstärkt wird, dass ich Rosmarin zugebe.

Kräuterschnaps – Grundrezept

Für die Herstellung von Kräuterschnäpsen eignen sich: Angelika- oder Engelwurz, Blutwurzel, Enzian, Johanniskraut, Melisse, alle Minzearten, Rosmarin, Salbei, Scharfgarbe, Schlüsselblume, Tausendgüldenkraut, Wermut, Anis, Kümmel, Löwenzahn, Wacholderbeeren, Himbeeren, Erdbeeren, Holunderblüten und Beeren, Rosen und Hagebutten.
Man verwendet 30–50 g getrocknete

Pflanzenteile oder 100 g frische Pflanzenteile auf einen Liter Alkohol, mit einer Mindestkonzentration von 38 Vol.-%. Gut verschlossen lässt man die Kräuter acht bis zehn Tage im Hellen und bei einer Temperatur von 25–30 °C ausziehen. Danach wird abfiltriert und in Flaschen abgefüllt. Frischkräuter als ganze Stängel können zu dekorativen Zwecken in der Flasche verbleiben.
Gut verschlossen ist ein Kräuterschnaps für längere Zeit haltbar. Ein solcher Heiltrank kann auch mit Wasser verdünnt angewendet werden.

Bauchwehschnaps

Für einen Bauchwehschnaps nimmt man 20 g getrocknete Blutwurzel, 10 g Kardamomkapseln, 10 g Angelikawurzeln und 10 g Anis, gestoßen. Diese Mischung gibt man in eine 1-Liter-Flasche und übergießt alles mit ca. einem Liter Obstschnaps oder Doppelkorn. Nach 14 Tagen im Hellen ist der Auszug beendet, und der Blutwurzelschnaps kann abfiltriert und getrunken werden.
Besonders wirksam ohne Zucker bei Magenverstimmungen und Durchfall.

Echter Kräuterhexen-Trank

Drei Blätter Wermut, ein Zweig Weinraute, ein Blütenstand Johanniskraut, ein blühender Zweig vom wilden Oregano und zwei Salbeiblättchen in eine Flasche mit 250 ml Fassungsvermögen füllen. Mit 40%igem Obstschnaps auffüllen und 14 Tage ziehen lassen. Die Kräuter können entweder abfiltriert werden oder aber als Deko in der Flasche verbleiben. Bei Verdauungsbeschwerden wird dieser Heiltrank 1:1 mit Wasser verdünnt und vor dem Essen eingenommen.

Der Echte Kräuterhexen-Trank hilft bei Verdauungsbeschwerden.

Wacholder-Johannisbeer-Schnaps

50 g Wacholderbeeren (gestoßen), 200 g abgezupfte schwarze Johannisbeeren, ein Wacholderzweig oder fünf Blätter des Johannisbeerstrauches, zwei Stangen Zimt und ein Stückchen frischer Ingwer in eine Flasche geben und mit einem Liter Obstwasser oder Gin auffüllen. Diesen Ansatz 14 Tage lang im Hellen stehen lassen und täglich schütteln. Danach abfiltrieren und nochmals vier Wochen ruhen lassen. Der Wacholdertrank schmeckt zwar etwas herb, ist aber wohltuend bei einem „übersättigten“ Magen.

Milder Kräuterlikör

Die Herstellung dieses Kräuterlikörs ist sehr einfach. Nehmen Sie zehn verschiedene Heilkräuterzweige wie Melisse, Minzen, Estragon, Basilikum. Diese werden mit einem Liter Schnaps ausgezogen. Es ist darauf zu achten, dass sich keine Bitterkräuter darunter befinden. Ein Zusatz von 10 g Anis oder Fenchel ergänzt das milde Aroma.

Dieser beruhigende „Traumtee“ wird tiefrot und ist nicht nur für Kinder geeignet.

Verbene-Minze-Likör ...

... als Tränklein für „zwischendurch“ aus Apfel-Minze, Verbene, einem halben Liter Obstler (mindestens 38%igen) mit 2 Essl. braunem Kandis, 10 g Verbenenblättern und drei Stängeln Apfelminze ansetzen.

Lavendel-Minze-Elixier

20 Stängel frische Lavendelblüten, fünf Zweige frische Minze, 30 g abgezupfte Verbenenblätter, zwei Zimtstangen und 20 g gestoßene Fenchelfrüchte in eine Flasche geben und mit einem Liter Obstler auffüllen. Zwei Monate im Hellen reifen lassen, abfiltrieren und mit 20 g weißem Kandis süßen. Ein Schnapsgläschen voll vor dem Essen hilft bei Blähungen.

Kindertraum-Tee

10 g angestoßene Fenchelfrüchte, 10 g Weißdornblüten, 20 g Passionsblumenkraut, 10 g Hopfenzapfen, 20 g Melissenblätter, 20 g Baldrianwurzel, 40 g Hibiskusblüten und 30 g Süßholzwurzel mischen. Pro Tasse einen Essl. der Mischung nehmen, fünf Minuten ziehen lassen.

Kräutertee für jeden Tag

10 g Lindenblüten, 10 g Ringelblumenblüten, 30 g Brombeerblätter, 10 g Hagebuttenschalen, 20 g Römische Kamille, 10 g Holunderblüten, 10 g Fenchelfrüchte und 10 g Waldmeisterkraut gut durchmischen. Einen Essl. pro Tasse nehmen und fünf Minuten ziehen lassen. Ein „gemütlicher“ Kräutertee für jeden Tag.

Hirtentäschel kaufen

Das Hirtentäschel wird bei Beschwerden im Zusammenhang mit der Periodenblutung als Bestandteil einer blutungsstillenden, krampf- und schmerzlösenden Teemischung verwendet. Es kann zwar auch pur getrunken werden, schmeckt so aber nicht besonders gut.
Von einer Wildsammlung des Hirtentäschels rate ich auf alle Fälle ab, da es bevorzugt auf gedüngten und gespritzten

Böden vorkommt und die Konzentration der heilenden Inhaltsstoffe extrem schwankt. Es ist daher sinnvoll, sich dieses Kraut in der Apotheke zu besorgen.

Wohlfühl-Tee No. 2

Mischen Sie 20 g Johanniskraut, 10 g Rosmarinblätter, 10 g Brennnesselblätter, 20 g Hagebuttenfrüchte, 20 g Pfefferminzblätter, 20 g Wohlriechendes Eisenkraut (Verbene) in einer Schüssel. Von dieser Teemischung werden pro Tasse ein Essl. Kräuter heiß aufgebrüht. Nach fünf Minuten abseihen und täglich zwei bis drei Tassen trinken.

Wohlfühl-Tee No. 3

Zu gleichen Teilen werden gemischt: Ringelblumenblüten, Süßholzwurzel (geschnitten), Waldmeister, Lavendel, Mate (grün), Zitronen-Melisse, Brombeerblätter, Lindenblüten, Zimtstange (geschrotet) und pro Tasse noch zwei Duftrosenknospen.
Für eine Tasse wird ein Teel. der Mischung überbrüht und fünf Minuten ziehen gelassen. Danach abseihen und nach Belieben mit Honig oder Zucker süßen. Diesen Tee sollten Sie an Ihrem Lieblingsplatz genießen.

Holunderblüten-Tee

Blütendolden im Mai/Juni sammeln und trocknen. Ein Tee daraus wirkt schweißtreibend, wassertreibend und blutreinigend, steigert die Abwehrkräfte und beugt so Erkältungskrankheiten vor.

Traumhafter Liebestee

Die getrockneten Kräuter – 60 g Bohnenkraut, 20 g Rosmarin, 20 g Orangen- oder Apfelminze, 20 g Wildorangen-Knospen und pro Tasse zwei Rosenknospen – mischen.
Ein Essl. von dieser Mischung wird mit kochendem Wasser aufgebrüht, nach fünf Minuten abgeseiht und mit einem Teelöffel Rosenzucker gesüßt. Dieser Tee wird morgens und abends getrunken – im Bedarfsfall bis zu 40 Tage lang.

Schafgarbe, Bauchwehkraut

Dieses klassische Bauchwehkraut kommt bei uns verbreitet in Wiesen vor. Die Schafgarbe kann als Teepflanze im Kräutergarten auf leichten, eher trockenen Böden angesiedelt werden. Sie wird im Frühjahr ausgesät und blüht dann im Sommer des folgenden Jahres.

Gewöhnliche Schafgarbe

Birkenblätter-Tee

Frische oder getrocknete Birkenblätter, als Tee getrunken, wirken stark wassertreibend und desinfizierend. Besonders für das Anfangsstadium einer Blasenentzündung ist dieser Tee zu empfehlen.

Roter Sonnenhut stärkt die Abwehrkraft.

Roter Sonnenhut

Der Rote Sonnenhut (*Echinacea purpurea*) ist manchem Staudengartenfreund als markante Zierpflanze bekannt. Nur wenige erkennen in diesem Korbblütler, der ursprünglich aus Amerika zu uns kam, die Stammpflanze für pharmazeutische Präparate mit dem Namen *Echinacea*. Auszüge aus dem Roten Sonnenhut wirken gegen Bakterien und stärken die Abwehrkräfte.

Frauenmantels Tropfen

Der Frauenmantel stand in früheren Zeiten im Ruf, selbst ältere Damen wieder in den Zustand der Jungfräulichkeit zu versetzen – äußerlich natürlich! Dazu wurden die Tautropfen, die sich am Morgen in der Mitte jedes Blattes befanden, in kostbaren Kristallgefäßen gesammelt und dann sorgfältig auf die Haut aufgetragen. Frauenmantel-Tee wird bis zum heutigen Tag zur Hilfe bei „weiblichen Problemen" genutzt.

Hauhechel am Wegesrand

Wenn Ihnen am Wegesrand einmal ein niedrig wachsender, mit Stacheln versehener und rosa blühender „Ginster" auffällt, so handelt es sich mit Sicherheit um den Hauhechel. Dieses „Eselskraut", wie es die Griechen nannten, ist ein mild wassertreibendes und blutreinigendes Mittel. Verwendet wird die Wurzel, deren Ernte sich jedoch sehr mühsam gestaltet. Hauhechelwurzeln gibt es in Apotheken zu kaufen.

Blaue Mineralien

Ich bin immer wieder erstaunt darüber, wie viele Menschen sich für blaue Mineralien begeistern können. Wenn ich mir jedoch die Heilwirkung dieser Mineraliengruppe vor Augen führe, wird mir klar, dass mit dieser Farbe der Zeitgeist verdeutlicht wird. Blaue Mineralien wirken kühlend, beruhigend und entspannend. Sie helfen Angst zu überwinden und Mut zu fassen, außerdem helfen Sie bei der

Wahrheitssuche und dabei, das innere Gleichgewicht zu finden – dem ist wohl nichts mehr hinzuzufügen!

Ringelblumen-Öl

Dazu werden frisch gezupfte Calendula-Blüten mit einem Messer grob gehackt und in eine helle Glasflasche gefüllt. Die Flasche sollte etwa halb voll sein. Danach wird mit kalt gepresstem Sonnenblumenöl aufgefüllt, sodass die Flasche voll ist und alle Blüten vom Öl bedeckt sind. Diesen Ansatz lässt man mit einem Mulltuch verschlossen etwa 14 Tage an einem sonnigen, hellen Platz stehen. Täglich leicht schütteln. Abschließend wird das Öl gefiltert und in eine dunkle Flasche abgefüllt. Das Öl kann nun als Wundöl oder als Grundlage für eine Salbe verwendet werden.

Hautpflege-Maske

Das Fruchtfleisch eines Pfirsichs zerdrücken oder pürieren, zwei Essl. Quark und einen Teel. flüssigen Honig dazugeben und alles gut vermischen. Diese Maske kann auf Gesicht, Hals und Dekolleté aufgetragen werden. Nach 15 Minuten abwischen und mit klarem Wasser abspülen. Diese Pflegemaske wirkt hautberuhigend, feuchtigkeitsspendend und ist auch bei Sonnenbrand geeignet.

Gartenarbeit macht zufrieden

Die meisten Menschen brauchen ihre Freizeit, um sich vom Stress und den Belastungen des Alltags zu erholen. Es ist einleuchtend, dass man sich dann einen Ausgleich in der freien Zeit wünscht. Diesen Ausgleich finden viele in ihrem Garten. Dort können sie wirken und werken, ohne Fremdbestimmung werden dort Arbeiten verrichtet, die man auf Be-

Pfirsiche – als Vitaminspender oder zur Pflege geeignet

fehl nicht unbedingt ausführen würde. Die Beschäftigung mit und in der Natur ergibt eine tiefe Zufriedenheit, wenn man abends nach getaner Arbeit auf das Geleistete zurückblickt und es sich zum Tagesausklang mit frischem Obst und Gemüse aus dem eigenen Garten gemütlich macht. Der Anblick eines vom Unkraut befreiten Beetes oder eines frisch gepflückten Blumenstraußes lassen dann schnell alle Mühe vergessen.

Herbst

Im Herbst müssen wir uns und unsere Pflanzenschützlinge auf die kalte Jahreszeit vorbereiten. Das fällt jedoch nicht schwer, wenn Sie sich die leckeren Herbstgerichte schmecken lassen und sich abends ein wohltuendes Bad mit Kräuterzusatz einlassen.

Gartentipps

Herbstgeräte

Zu den wichtigsten „Gartengeräten" im Herbst gehören mit Sicherheit der Erntekorb und der Laubbesen. Da in dieser Zeit auch das Sträucherschneiden aus Vogelschutzgründen wieder möglich ist, wird man auch die Hecken- und Astschere wieder in Betrieb nehmen. Körbe gibt es in vielen Ausführungen und Größen. Sie sollten stabil und handlich sein und den oder die Korbträger(in) nicht noch zusätzlich durch ein hohes Eigengewicht belasten. Obst, Gemüse, Kräuter u.a. werden immer noch am meisten in Körben gesammelt und z.T. auch gelagert. Auch Garten- oder Straßenbesen müssen gut in der Hand liegen, um die erforderlichen Arbeiten mit diesem Gerät nicht noch zusätzlich unbeliebt zu machen.

Schmuckes Lorbeer-Hochstämmchen

Formschnitt Ansichtssache

Nicht nur bei Immergrünen wie Buchs, Eibe und Zypressen ist ein Formschnitt möglich und beliebt, sondern auch bestimmten Kräuterstauden wie Lavendel, Heiligenkraut, Lorbeer und Rosmarin wird manchmal eine formgebende „Frisur" verpasst. Die häufigsten Formen sind Kugeln und Halbkugeln, Pyramiden oder Säulen. Um diese Schnitttechnik einigermaßen professionell durchführen zu können, baut man sich am besten aus Holz und/oder Maschendraht eine „Schablone". Auf diese Art und Weise ist es möglich, auch mit einem „Knick in der Optik" einen regelmäßigen und optisch vollkommenen Formschnitt durchführen zu können.

Blumenzwiebeln stecken

Zum Herbstanfang wird es höchste Zeit, um an Zwiebelpflanzen zu denken. Je früher Sie Ihre Blumenzwiebeln in die Erde bringen, desto früher blühen Sie auch im nächsten Frühjahr. Die Zwiebeln haben im September oder Oktober einfach noch mehr Zeit, um sich einzugewöhnen. Nach erfolgtem Wurzelwachstum wird schon bald der Blütentrieb ausgebildet und steht dann sozusagen in den Startlöchern. Es ist jedoch möglich, Blumenzwiebeln so lange auszupflanzen, wie auch der Boden offen, also nicht gefroren ist.

Ältere Wurzelstöcke teilen

Einige ausdauernde Kräuter wie Liebstöckel, Oregano und Estragon können im Herbst geteilt und in mit Kompost verbesserten Boden gepflanzt werden. Im ersten Jahr ist allerdings etwas Winterschutz in Form von Deckreisig oder Holzwolle von Nöten.

Wurzelkräuter im Oktober ernten

Der Spätherbst ist auch die Zeit der Wurzelkräuter-Ernte. Löwenzahn-, Liebstöckel-, Beinwell- und Baldrianwurzeln werden jetzt ausgegraben. Dies ist darin begründet, dass die Pflanze mit der Wurzel überwintert. Im Herbst beginnen sich die oberirdischen Pflanzenteile zurückzuziehen, das heißt, alle wichtigen Inhaltsstoffe, wie Vitamine und Mineralstoffe, werden in die Wurzel „zurückgegeben", um diese zu stärken. Kraut und Blätter sterben dann ab. Da dieses je nach Witterung sehr schnell gehen kann, ist es sinnvoll, Wurzelkräuter bereits im Spätsommer mit Schildern oder bunten Holzstöckchen zu markieren.

Petersilienwurzeln für ein leckeres Süppchen

Petersilienwurzeln für drinnen

Im Herbst können auch Petersilienwurzeln geteilt und in Töpfe gepflanzt werden. Nachdem sie bei mäßigen Temperaturen „Fuß gefasst" haben, können sie bei höheren Zimmertemperaturen für die Winterernte angetrieben werden.

Schnittlauch durchfrieren

Bei Schnittlauch verhält es sich etwas anders als bei der Petersilie, wenn es darum geht, ihn in der kalten Jahreszeit als Küchenwürze von der Fensterbank ernten zu können. Die ausgegrabenen Wurzelstöcke müssen erst einmal durchfrieren, bevor sie in Töpfe gepflanzt werden, um neu austreiben zu können. Schnittlauch braucht diesen Kälteschock um das Gefühl zu haben, er sollte jetzt neu austreiben, weil der Winter vorbei ist.

Hagebutten – Vitaminspender für den Winter

Knoblauch & Zwiebeln stecken

Nachdem meine Zwiebel- und Knoblauchkultur in Sternenfels regelmäßig misslang, bekam ich von einem alten Gärtner den Tipp, dass der Boden wohl bereits im Frühjahr zu „hitzig" wäre, und dass ich es doch einmal mit einer Herbstpflanzung versuchen sollte. Der gute Mann hatte recht. Der kühle und feuchte Herbstboden tat diesen Vertretern aus der Familie der Zwiebelgewächse offensichtlich gut, und ich konnte mich im darauffolgenden Frühjahr über kräftige Pflanzen und eine frühe Ernte freuen. Wenn es Ihnen bisher ähnlich erging, sollten Sie diesen Rat ebenfalls befolgen.

Herbstliche Beerenernte

Hagebutten, Holunder, Brombeeren, Heidelbeeren, Weißdornfrüchte und später im Jahr auch noch die Früchte des Schlehdorns füllen meinen Erntekorb in den Herbstmonaten. Diese werden zu Elixier Marmeladen, Säften und anderen Leckereien verarbeitet. Die Ernte selbst gestaltet sich häufig etwas unangenehm, da diese Früchte recht klein sind und so mancher Kampf mit Dornen ausgefochten werden muss. Die Mühen werden jedoch mit einem ursprünglichen und leckeren Aroma belohnt.

Kräuter zum Ernten

Im Kräutergarten ist Rosmarin, Ysop und Berg-Bohnenkraut zu ernten. An idealen Standorten setzt Rosmarin jetzt sogar Blüten an. Alle drei würzen so manche herbstliche Speise. Und in der Regel kann ich bis in den Winter hinein im Kräuterhexengarten wilden Feldsalat ernten.

Vor dem Frost verarbeiten

Die kalte Jahreszeit macht sich durch erste Nachtfröste bemerkbar. Spätestens jetzt sollten wir alle überirdischen Pflanzenteile von kälteempfindlichen Kräutern ernten. Dazu gehören alle Einjährigen und ganz besonders das Basilikum. Bei richtiger Pflege steht es um diese Zeit noch in voller Pracht, aber es nützt alles nichts, denn den ersten Frost wird es nicht überleben. Deswegen schneide ich alle Pflanzen ab und verwerte die

Blätter für Basilikum-Pesto und die Stiele als aromatische Einlage in Essigen und Kräuterölen.

Laub ist nicht gleich Laub

Ein großes Thema ist im Herbst mit Sicherheit der Laubfall von den Bäumen. Wir werden je nach Gartenlage mehr als einmal den Laubrechen oder -besen hervorholen müssen um Rasenflächen und Wege sauber zu halten. Laub stellt grundsätzlich eine gute Kompostmasse dar, sofern es nicht von kranken Bäumen stammt oder einen hohen Gerbstoffanteil besitzt. Das Laub von Walnussbäumen oder Eichen verrottet nur zögerlich, sodass die Pflanzen darunter leicht ersticken können. Es sollte daher nur in geringen Mengen dem Kompost zugesetzt werden. Für eine ausreichende Lüftung ist ebenfalls zu sorgen.

Reinigungsarbeiten

Regelmäßige Reinigungsarbeiten im Herbst sind das Abfischen der fallenden Blätter aus dem Teich und das Fegen der Terrasse. Je nach Laubfall gehört auch das Ausputzen der Gullys und der Entwässerungsrinnen rund ums Haus dazu.

Zu große Pflanzen entfernen

Genauso wichtig wie das Freihalten der Beete von Unkraut, ist das Ausgraben und Entfernen von solchen Stauden oder Sträuchern, die zu groß geraten sind. Bei harten Böden kann dabei die Kraft des Wassers helfen.

Empfindliche Kräuterzöglinge

Im Sommer ausgesäte und jetzt in kleine Töpfe gepflanzte Kräuterpflänzchen sollten so lange wie möglich draußen gehalten werden um abzuhärten. Allzu zarte Pflanzen brauchen bei anhaltend kühler und feuchter Witterung etwas Schutz. Dieser kann durch locker darüber gespannte Folie oder Gartenvlies erfolgen. Auf eine gute Durchlüftung ist jedoch in jedem Fall zu achten. Das bedeutet, dass die Jungkräuter nicht komplett mit Folie o. ä. „abgeschottet" werden dürfen.

Buchenlaub – idyllisch betrachtet

Leuchtende Dahlienpracht

Freie Teilflächen umgraben

Das Umgraben von abgeernteten Flächen ist nur dann sinnvoll, wenn es sich um schwere Böden handelt. Der Frost soll die Erdkrume verfeinern, was nicht immer gelingt. Leichte Böden werden erst im Frühjahr für das neue Erntejahr vorbereitet. Meist reicht eine Lockerung mit Grabegabel oder Sauzahn.

Spätsommerliches Farbenspiel

Im September leuchten die intensiven Farben der Sträucher, Gräser und Blüten. In Gärten und Blumenkästen blüht es jetzt bunt durcheinander. Kräftige Pinktöne stehen neben Goldgelb, Lila oder Kupferrot und auch die Gelb-Orange-Palette wird bedient. Das Feuerwerk der Erntefarben Rot, Gelb, Orange und Braun schmückt die freie Landschaft und kündet vom allmählichen Ende des Sommers.

Blüten- & Blätterschmuck

Die typischen Herbstblüher wie Astern, Dahlien, Chrysanthemen, Herbst-Anemonen, Fetthenne, Heidekraut und die Herbstzeitlosen stehen in voller Pracht und die ersten Laubbäume und Sträucher beginnen sich zu verfärben.

Kein Rückschnitt im Herbst

Im Kräutergarten werden die Pflanzen im Herbst nicht zurückgeschnitten, so wie wir es von unseren übrigen Blütenstauden in unserem Garten vielleicht gewohnt sind. Das hat seinen Grund: Die meisten Kräuter brauchen ihre oberirdischen Triebe und Blätter, um überwintern zu können.
Ein Paradebeispiel dafür ist der Garten-Salbei – botanisch als *Salvia officinalis* bezeichnet. Wenn Sie diese Pflanze aus dem Süden im Herbst stark zurückschneiden, wird sie sich leider für immer von Ihnen verabschieden. Salbei und viele andere Kräuter werden deshalb nur im späten Frühjahr und im Sommer zurückgeschnitten.

Mediterrane Kräuter

Alle mediterranen Kräuterstauden werden im Herbst nicht mehr zurückgeschnitten. Lediglich die Lavendel-Blütenstängel kürze ich bis zu den ersten Blattspitzen ein. In raueren Gegenden sollte man für solche Südländer rechtzeitig einen Winterschutz in Form von Holzwolle oder Tannenreisig vorbereiten.

Notfalls maßvoll schneiden

Wenn es im Herbst doch notwendig sein sollte, Ihre Kräuterstauden zurückzuschneiden, so gehen Sie bitte maßvoll mit Messer und Schere um. Ich habe schon Exemplare gesehen, die regelrecht massakriert wurden. Das gefällt keinem Lebewesen. Je nach Temperatur kann es schon im Herbst zu so genannten „Geiltrieben" kommen, d.h. zu früh eingeräumte oder zu warm gehaltene Kräuter bekommen lange, meist hellgrüne Triebe (mangels Licht), die schwach sind. Darum ist es sinnvoll, auch diese regelmäßig zurückzuschneiden um die Pflanze nicht zu schwächen.

Erntedank

Anfang Oktober feiern wir Erntedank – zumindest steht es so im Kalender. Nicht nur in der Stadt, sondern auch auf dem Land wird heute vielfach vergessen, dass die ganzjährige Vielfalt an Obst und Gemüse aus aller Welt keineswegs selbstverständlich ist. Ich als Kräuterhexe bin jedenfalls dankbar für jeden Erntekorb, den ich füllen darf.

Kürbisernte

Bei der Kürbisernte sollten Sie sich Zeit lassen, denn zu früh abgeerntete Exemplare sind nur eingeschränkt lagerfähig und könnten sehr rasch schimmeln. Deshalb sollten Sie die Früchte an einem trockenen Tag ernten und anschließend trocken lagern oder gleich weiterverarbeiten.

Kürbisse lassen sich für tolle Dekorationen verwenden.

Auch liegend sind Herbstkränze eine wahre Pracht.

Frostunverträgliche „umbetten“

Einige Kräuter wie Ananas-Salbei, Rosmarin, mehrjähriges afrikanisches Basilikum oder Duft-Geranien können den Sommer über sehr gut in der Gartenerde draußen gehalten werden. Sie entwickeln sich dort je nach Witterung zu prächtigen und blühenden Exemplaren. Spätestens im Oktober müssen wir sie jedoch wegen ihrer Frostunverträglichkeit in Töpfe und Kübel „umbetten“ um sie ins Haus holen zu können. Wir sollten ihnen aber eine Umgewöhnungsphase gönnen, d.h. tagsüber draußen, nachts drinnen.

Kübelpflanzen reinholen

Bevor die ersten Nachtfröste zu erwarten sind und es den empfindlichen Kübelpflanzen draußen auf der Terrasse zu kalt wird, räume ich sie zum Überwintern in den Wintergarten.

Passende Winterquartiere

Zur Überwinterung von Kübelpflanzen ist eine kühle und helle Umgebung günstig, notgedrungen tut es auch ein heller Keller, das Treppenhaus oder die Waschküche.

Winterquartier-Ansprüche

Nicht alle Pflanzen stellen die gleichen Ansprüche an ihr Winterquartier. Geranien und Kakteen sind richtige Winterschläfer und können weitgehend sich selbst überlassen werden. Aber schon bei den Kübelpflanzen wird es problematisch. Je nach Herkunft kann ein Teil gut eingepackt die kalte Jahreszeit draußen verbringen, während Oleander, Lorbeer & Co. ein zwar kaltes, aber geschlossenes Gewächshaus oder den hellen Hausflur benötigen. Rosmarin kann sowohl hinter Glas, wie auch im kühlen Zimmer überwintern. Und in milden Weinberglagen sogar im Freien. Alle Kräuter im Haus bedürfen aber einer Mindestfürsorge in Form von sparsamen Wassergaben und Ungezieferschutz.

Schmucke Türkränze

Sie wurden früher als Schutz vor bösen Geistern, Hexen und anderen Dämonen aus sieben oder neun verschiedenen Gehölzen gebunden und an der Haus- oder Hoftür angebracht. Sie sollten als

Bannzauber unliebsame Eindringlinge fernhalten. Heutzutage sind sie eher als Willkommensgruß für Besucher gedacht.

Orakeltag im November

Der Andreastag am 30. November war für unsere Vorfahren ein wichtiger Orakeltag. Man schneidet an diesem Tag um sechs, neun oder zwölf Uhr die Reiser von sieben bzw. neun verschiedenen Bäumen und Sträuchern. Also Zweige von Obstbäumen, Birke, Holunder, Kastanien, Hasel, Weide, Stachelbeeren oder Johannisbeeren. Wichtig dabei ist, dass dies schweigend geschieht. Drei Zweige werden mit einem bunten Band gekennzeichnet. Wenn diese Zweige an Weihnachten blühen, hat man drei Wünsche frei!

Unnötiger Winterschutz

Größere Aktionen in Sachen Winterschutz sind nach meiner Erfahrung unnötig, manchmal sogar schädlich. Ich meine hier vor allem das sorgsame Einpacken von Rosen und anderen Stauden, die an sich relativ winterhart sind, mit Mull, Tannengrün und Plastikfolie. Damit kann man in milden Wintern eher Schädlinge fördern, die somit relativ gut durch die frostige Jahreszeit kommen.

Winter-Bohnenkraut trocknen

Für den Kräutergarten gibt es das Bohnenkraut in zwei Varianten: Das einjährige Sommer-Bohnenkraut ist oft in

Herbstkunstwerk mit roten Peperonis und leuchtend gelber Sonnenblume

Kräuter- und Gemüsebeeten zu finden und sät sich dort im Sommer von selbst aus. Das Berg- oder Winter-Bohnenkraut ist ein ausdauernder Kleinstrauch. Seine Blätter können fast das ganze Jahr über geerntet werden. Am einfachsten ist das Trocknen als Bündel oder Strauß. Die dürren Blätter werden anschließend abgestreift.

Gemüse-Kräuter-Korb

Der herbstliche Garten schenkt uns auch so manches Dekorative und gleichzeitig Leckere, welches wir zu besonders schönen Arrangements verarbeiten können. Duftende Kräuter (wie Ysop, Weinraute, Bohnenkraut und Salbei), bunte Blüten (wie Rosen, Ringelblumen, Sonnenhut und Goldrute) und Früchte (Weißdorn, Brombeeren, Schneeball, Liguster, Schlehe und Hagebutte) eignen sich ideal für die Umsetzung der kreativen Ideen einer bastelfreudigen Gartenbesitzerin.

Küchentipps

Tischschmuck aus Kräutern

Salbei-, Thymian-, Heiligenkraut-, Borretsch-, Petersiliensträußchen garniert mit den letzten Blüten aus dem Bauerngarten und dem dazu passenden Obst und Gemüse ergeben eine duftende und preisgünstige Tischdekoration für herbstliche Genüsse. Kräuter als Platzsträußchen mit Namensschildern versehen sind eine nette Erinnerung für die Gäste, auch wenn Sie schon längst wieder zu Hause sind.

Rascheln im Blätterwald

Im Kräuterblätterwald raschelt es, nämlich dann, wenn Salbei-, Lorbeer-, Birken-, Pfefferminz- und Melissenblätter für den Wintervorrat getrocknet werden. „Rascheldürr" müssen alle Trockenkräuter sein, bevor sie in gut schließende Dosen oder Gläser gefüllt werden. Dazu braucht es etwas Erfahrung, damit die Kräuter nicht schimmeln. Blattkräuter werden aufgefädelt oder flächig auf Papier ausgelegt. Der Trockenraum sollte warm, schattig und zugfrei sein.

Garwasser stets salzen

Wenn Sie Gemüse kochen, dann sollten Sie das Wasser stets salzen, denn Salz verstärkt den Eigengeschmack so, dass Sie fast nicht mehr nachsalzen müssen und stattdessen Ihr Gemüse mit Kräutern geschmacklich veredeln können. Eine gute Prise Salz im Garwasser verhindert außerdem, dass wertvolle Mineralsalze aus dem Gemüse herausgeschwemmt werden.

Zweifarbige Gemüsesuppe

Jeweils 300 g Petersilienwurzeln und Pastinaken, klein schneiden, in etwas Olivenöl kurz andünsten und 1 1/4 Liter Gemüsebrühe dazugeben. Wurzeln weichköcheln und einen Becher Saure Sahne dazugeben. Die Suppe pürieren und eine Hälfte davon in einen anderen Topf mit allem kleingeschnittenen, zehn Minuten blanchierten Grünzeug (ein Bund Petersilie, ein Bund Schnittlauch, 100 g Feldsalat, 100 g Tiefkühlspinat) geben. Ebenfalls pürieren und mit der hellen Suppe gleichzeitig in den Teller geben. Lassen Sie sich von

dem entstehenden Suppenmuster überraschen. Mit etwas Petersilie oder „Karottenblüten" dekorieren.

Sauerkrautbaguettes

Hier machen wir es uns bequem und nehmen 450 g Tiefkühlhefeteig und lassen ihn gut auftauen. In einer Pfanne werden mit etwas Butter eine kleine gewürfelte Zwiebel, zwei Essl. feingewürfelter Schinkenspeck und – wer möchte – eine durchgepresste Knoblauchzehe knusprig gebraten. 150 g ausgedrücktes und feingehacktes rohes Sauerkraut wandert ebenfalls in die Pfanne und wird kurz mitgebraten. Als Gewürz geben wir einen halben Teel. Kümmel und einen halben Teel. Koriander, gut gemörsert, dazu. Die abgekühlte Speckmischung unter den Teig arbeiten und 30 Minuten gehen lassen. Teig zu zwei ca. 20 cm langen Baguettes formen und auf ein eingefettetes Backblech legen. Schräg einschneiden und abgedeckt 20 Minuten gehen lassen. Bei 220 °C in der Ofenmitte 30–35 Minuten backen.

Gut schließende Dosen sind wichtig.

„Herbstliche Käsetraube"

Aus 400 g Frischkäse (Sahne) und zwei Bund frischen Gartenkräutern, was immer Sie im Küchengarten finden, eine Prise Schabzigerkleepulver, etwas Salz und Pfeffer eine homogene (= gleichmäßige) Masse mischen. Mit einem Löffel walnussgroße Portionen abteilen und zu Kugeln formen. Diese Bällchen auf einem großen, frischen Weinblatt traubenförmig anordnen. Mit „echten" Weintrauben, Käsewürfeln und frischem Brot als herbstlichen Imbiss servieren.

Leckere Fleischspießchen

Vier Lammfilets in mundgerechte Würfel schneiden und mit Knoblauch spicken. Eine Rotwein-Kräuter-Marinade aus vier Essl. Olivenöl, vier Essl. Rotwein und zwei Essl. getrockneten oder frischen Kräutern der Provence (Thymian, Rosmarin, Bohnenkraut, Oregano, Fenchelsamen, Lavendelblüten und Majoran) zubereiten und das Fleisch einige Stunden darin ziehen lassen. Das Fleisch abwechselnd mit Zwiebelstücken, Kirschtomaten und Paprika auf Spieße stecken und mit Öl bepinseln. Auf dem Grill oder in der Pfanne scharf anbraten. Wichtig! Erst zum Schluss mit Salz und Pfeffer würzen.

Lorbeerblätter können frisch oder getrocknet verwendet werden.

Sternanis wirkt allgemein anregend und verdauungsfördernd.

Tomatenreis mit Geflügel

Wenn es beim Grill-Hähnchenstand um die Ecke frisch gegrillte Hähnchen gibt, sollten Sie gleich die doppelte Anzahl besorgen, besonders wenn es um die Mittagszeit öfters zu zeitlichen Engpässen kommt. Geflügel schmeckt auch am nächsten Tag als Reispfanne hervorragend.

Am besten nehmen Sie 10-Minuten-Reis im Beutel. Dieser wird nach Vorschrift gekocht. Die Hähnchenteile werden vom Knochen gelöst und in mundgerechte Stücke geschnitten. Zwei Tomaten enthäuten und kleinschneiden, eine große Zwiebel in Würfel geschnitten in etwas Olivenöl glasig dünsten, dann das Hähnchenfleisch und zuletzt die Tomaten dazugeben. Alles kurz anbraten und mit Wasser ablöschen. Mit Paprika, Curry, Salz und Pfeffer würzen. Zuletzt den gekochten Reis unterheben und mit feingewiegten Kräutern wie Petersilie, Ysop und etwas Thymian bestreut servieren.

Mit Estragon würzen

Dieses feine Würzkraut ist botanisch mit Wermut, Beifuß und Eberraute verwandt – man bezeichnete es früher als „Drachenkraut". Für die Küche ist der Französische Estragon sehr zu empfehlen. Er besitzt ein intensives Aroma, das etwas an Anis erinnert, mit einer leichten Schärfe. Frische oder getrocknete Estragonblättchen passen gut zu Geflügel, Salaten, Suppen und Soßen. Mit einem Estragonzweig würze ich Sauergemüse oder ich setze damit Kräuteressig an.

Pfeffriges Bohnenkraut

Es passt wie der Majoran zu deftigen Gerichten wie Bratkartoffeln, Eintopf, Ragout oder Wurst- und Fleischsalaten. Schmeckt nach Bohnen und besitzt außerdem eine leicht pfeffrige Würznote.

Schmackhafte Lorbeerblätter

Die verdauungsfördernden Wirkstoffe des Lorbeers sollten nicht gering geschätzt werden. Lorbeer passt ideal zu (Wild-)Ragout, Suppen und Soßen. Getrocknete Blätter haben das intensivere Aroma, sie eignen sich auch für Würzöle.

Exotischer Sternanis

Die Würzkraft dieser exotischen Sammelbalgfrucht sitzt in der harten Fruchtschale. Bei uns ist der Sternanis im Gegensatz zur chinesischen und vietnamesischen Küche lediglich als Backzutat, als Glühweingewürz oder zur Aromatisierung von Kräuterölen oder Zwetschgenmus in Gebrauch.

Sesamkonfekt

175 g Sesamkörner in einer Pfanne gleichmäßig verteilen und unter ständigem Rühren bei schwacher Hitze etwa fünf Minuten lang anrösten; zum Schluss die Pfanne von der Kochstelle nehmen. In einem kleineren Topf jeweils drei Essl. Honig und Rohrzucker mischen und bei schwacher Hitze zu einem dicken Sirup kochen. Dabei ständig rühren. Die Sesamkörner hinzufügen und gründlich mit dem Sirup vermischen.
Auf einem Holzbrett einen Bogen Wachspapier auslegen und die Masse in die Mitte des Papiers füllen. Einen zweiten Bogen Wachspapier darüberlegen und die Masse mit dem Nudelholz etwa 0,5 cm dick ausrollen. Wachspapier entfernen und die Masse in kleine Rechtecke oder Quadrate schneiden. Nach dem Erkalten die Stücke auseinanderbrechen und in einer gut schließenden Dose aufbewahren.

Schon die Zubereitung eines Tees sollten Sie genießen.

Kräuterhexen-Abend-Tee

Für diesen Tee nach Kräuterhexen-Art mischen Sie folgende Trockenkräuter: 20 g Johanniskraut, 20 g Baldrian, 10 g Weißdorn, 10 g Fenchel, 10 g Kamille, 10 g Pfefferminzblätter, 10 g Waldmeisterkraut. Für eine Tasse benötigen Sie einen Essl. der Teekräuter-Mischung. Nach dem Überbrühen etwa fünf Minuten zugedeckt ziehen lassen.

Hexen-Kräuterbrot

500 g Mehl mit einem viertel Liter lauwarmer Milch, fünf Essl. Maiskeimöl, einem Teel. Zucker, einem Teel. Salz, einem Ei und 30 g zerbröselter Hefe verkneten. Zuletzt eine fein gehackte Zwiebel und zwei Essl. Brotkräuter oder Brotgewürz darunter kneten. Teig gehen lassen, dann in eine gefettete Kastenform legen und nochmals gehen lassen. Den Ofen vorheizen und bei 175–200 °C etwa 40–50 Minuten backen.

Feines Kräutersalz

Wer selbst einmal seine individuelle Kräutersalz-Mischung (Gesamtmenge 100 g) herstellen möchte, benötigt dazu einen großen Porzellanmörser mit rauer Innenfläche. Salz und Trockenkräuter (z. B. Majoran, Liebstöckel, Oregano, Petersilie, Basilikum) werden gemischt und portionsweise im Mörser „inniglich" verrieben, bis ein Pulver von einheitlicher Farbe entstanden ist. Der Kräuteranteil kann zwischen 10 und 30 % – bezogen auf 100 g fertiges Kräutersalz – liegen. Kräutersalz bitte trocken aufbewahren!

Was ist eigentlich Piment?

Piment ist auch als Nelkenpfeffer im Handel und diese Bezeichnung finde ich sehr zutreffend was den Geschmack bzw. das Aroma dieses Gewürzes betrifft. Die harten Beeren des Pimentbaumes, er gehört zu den Myrtengewächsen, schmecken tatsächlich nach Nelken und Pfeffer und geben Pickles, Essiggemüsen, Chutneys, aber auch Backwaren und Glühwein das gewisse Etwas.

Leckeres gerolltes Kräuterhexen-Brot mit aromatischer Kräuterpaste gebacken

Kraut-und-Rüben-Kuchen

Für den Teig aus 250 g Mehl (eine Hälfte Dinkel, die andere Weizenvollkorn), 15 g Hefe, ein Achtel Liter Wasser, einen halben Essl. Kräutersalz, drei Essl. Olivenöl einen glatten Hefeteig kneten und gehen lassen, bis sich das Volumen verdoppelt hat. Nochmals durchkneten, ausrollen und eine mit Backpapier ausgelegte Kuchenform (Springform) damit auskleiden. Den Rand hochziehen, nochmals kurz gehenlassen.
Für den Belag zehn blanchierte Weißkraut- oder Chinakohl-Blätter, zwei abgezogene, halbierte Tomaten, vier gekochte und in Scheiben geschnittene Karotten, vier Scheiben Frühstücksspeck (in Würfel geschnitten) und eine große, goldgelb angedünstete und gewürfelte Zwiebel auf dem Teigboden verteilen. Einen Becher Süße Sahne mit einem Ei verquirlen, je einen halben Teel. Oregano, Bohnenkraut, Basilikum und Thymian hineinrühren und das Ganze über das Gemüse gießen. Mozarella-Scheiben darüberlegen und im vorgeheizten Backofen ca. 40 Minuten bei 200 °C backen.

Kürbis-Suppe

Ein mittelgroßer Kürbis wird zunächst ausgehöhlt. Das Fruchtfleisch wird kleingeschnitten und mit zwei großen Karotten, einer Petersilienwurzel, einer Stange Lauch, zwei Stängeln Liebstöckel (alles klein geschnitten) gemischt.
In einem hohen Topf werden drei Knoblauchzehen und zwei kleingehackte Zwiebeln in Olivenöl angedünstet. Dann kommt die Gemüsemischung dazu. Man füllt mit so viel Wasser auf, dass alles gut bedeckt ist. Um die Suppe sämiger zu machen, koche ich ggf. auch noch zwei geriebene Laugenbretzeln oder Tafelbrötchen mit. Nach einer halben Stunde ist das Gemüse gar. Die Suppe wird mit dem Zauberstab püriert und mit Meersalz, Muskatnuss und Pfeffer abgeschmeckt. Zum Schluss gebe ich noch fein gewiegte Kräuter hinzu und rühre etwas Süße Sahne oder Schmand unter. Wer möchte, kann die fertige Suppe im ausgehöhlten Kürbis servieren.

Weinbergsalat

Je 100 g blaue und weiße Weintrauben halbieren und entkernen. 100 g grüne Bohnen putzen und zehn Minuten in Salzwasser garen. 250 g gegrilltes Hähnchenfleisch, eine Zwiebel, ein Bund Radieschen, 100 g Edamer Käse, zwei Tomaten, 100 g Walnusshälften, vier Zwiebelchen vom Weinbergslauch (ersatzweise: eine Knoblauchzehe) kleinschneiden und in eine große Schüssel geben.
Mit der Salatsoße aus 100 ml Sonnenblumen- oder Olivenöl, 50 ml Weißweinessig, einem Achtel Rot- oder Roséwein (z. B. Württ. Schillerwein), vier Essl. Traubensaft, Salz, frisch gemahlenem Pfeffer, einer Prise Zucker, einem Bund gemischte Gartenkräuter mit Estragon übergießen und vermischen. Im Kühlschrank eine halbe Stunde ziehen lassen, dann einen halben kleingezupften Blattsalatkopf unterheben. Der Salat ist als Hauptgericht gedacht und wird mit frischem Weißbrot serviert.

Einer der besten Speisepilze, über den sich jeder Sammler freut: der Steinpilz

Pilze & Kräuter

Der Herbst ist in unseren Breiten noch immer der Jagd auf Wild und Pilze gewidmet. Ich möchte diese Tatsache hier jetzt einmal festhalten, nachdem ich nach der Rückkehr in die Stadtkultur mit großen Augen feststellen musste, dass frische Steinpilze und Pfifferlinge auch den ganzen Winter und überhaupt das ganze Jahr über von irgendwo aus der weiten Welt zu beschaffen sind. Aber irgendwie schmecken sie mir nur im Herbst! Pilzgerichte und seien sie noch so einfach, verlangen geradezu danach, mit aromatischen Kräutern wie Thymian, Bohnenkraut, Rosmarin und Salbei verfeinert zu werden. Oder wenigstens mit Petersilie!

Kartoffeltaler mit Waldpilzen

500 g mehlig kochende Kartoffeln (am Vortag gekocht und gepellt) werden in eine Schüssel gerieben. Salz, Muskatnuss, Pfeffer, getrockneter Oregano und frische, feingewiegte Petersilie kommen als Würze dazu, und mit 50 g Dinkelmehl wird ein Teig daraus geknetet. Falls dieser noch zu feucht ist, kommen ein bis zwei Essl. Semmelbröseln dazu. Der Teig sollte nicht mehr an den Händen kleben – falls der Teig zu trocken ist, gebe ich ein Eigelb dazu. Aus dem Teig wird nun eine Rolle geformt und Scheiben abgeschnitten (Durchmesser ca. 5 cm). In einem Topf werden die Scheiben in kochendem Salzwasser gegart, bis sie oben schwimmen. Dann nehme ich sie heraus.

In einer Pfanne erhitzt man Butter und Olivenöl zu gleichen Teilen, bis es schäumt. Herbstkräuter (Salbei, Bohnenkraut, Oregano, Lavendelspitzen, Rosmarin, Basilikum, Ysop u. a.) werden dazugegeben. Die Kartoffeltaler von beiden Seiten goldbraun darin anbraten. In einem Topf werden die frischen Waldpilze in Butter gedünstet und mit Pfeffer und Salz gewürzt, man gießt mit Süßer Sahne an und lässt einen Wacholderzweig cremig miteinkochen. Der Zweig wird vor dem Servieren entfernt. Die Taler werden nun auf den Tellern angerichtet und die Pilze mit Sahnesoße darüber verteilt.

Obwohl dieses Rezept in erster Linie als Herbstgericht gedacht ist, so lässt es sich doch mit anderen Ergänzungen wie einer Salatplatte das ganze Jahr über genießen.

Pfiffige Leberspätzle

Für den Teig brauchen Sie 200 g gehackte Schweine- oder Geflügelleber, 300 g Mehl, zwei Eier, eine Tasse Wasser, drei Essl. feingewiegte Petersilie und eine kleine, gewürfelte Zwiebel. Aus diesen Zutaten rührt man einen eher zähen Teig.
In einem Topf wird Wasser mit etwas Salz zum Kochen gebracht. Sobald es sprudelt, werden mit einem Teelöffel kleine Teigportionen direkt ins kochende Wasser geschabt. Sobald die Leberspätzle wieder an der Wasseroberfläche erscheinen, werden sie mit einem Schaumlöffel herausgenommen und sofort mit in Butter und Speck angebratenen Pfifferlingen serviert.

Zauberhafter Kardamom

Über die alten Karawanenstraßen gelangten Kardamomkapseln nach Europa. Sie werden als Gewürz für Kuchen und Backwaren und zur Verfeinerung von Tee und Kaffee verwendet. Außerdem ist der Kardamom ein wichtiger Bestandteil von Curry-Mischungen. Mit grünen Kardamom-Kapseln lassen sich Liköre, Bowlen, Tees, fruchtige Desserts und Würzöle „verzaubern“. Nur diese besitzen das feine Aroma und den unvergleichlich süßlichen Duft. Braune Kapseln schmecken dagegen bitter.

„Unkraut-Bowle“

Für eine Unkraut-Bowle können Sie sämtliche ungiftigen Wildbegleitkräuter aus Ihrem Garten sammeln, allerdings sollten sie nicht zu bitter schmecken. Deshalb werden nur die jungen Blättchen von Löwenzahn, Vogelmiere, Spitzwegerich, Quecke, Giersch, Melde, Schafgarbe etc. genommen. Um Frische in die Bowle zu bringen, werden noch einige Borretschblätter dazugegeben.
300–500 g kleingeschnittene Kräuter werden in eine große Schüssel gefüllt und mit einem Liter Apfelsaft übergossen. Über Nacht ziehen lassen, dann sauber abfiltrieren und ggf. nochmals mit etwas Apfelsaft abrunden. Die Bowle wird mit gut gekühltem Sekt oder Selters im Glas verdünnt. Prosit!

Pfifferlinge kann man von Juni bis Oktober finden.

Schafgarben-Rosmarin-Elixier

Pro Liter werden fünf Schafgarben-Stiele mit Blättern und Blüten und zwei Zweige Rosmarin in eine helle Glasflasche gesteckt. Man gießt mit einem klaren Obstschnaps auf und lässt das Ganze 14 Tage lang ruhen. Dann wird abfiltriert, in saubere Glasflaschen abgefüllt und verkorkt.

Herbstfrüchte-Likör

Sie brauchen 300 g reife Herbstfrüchte (Zwetschgen, Preiselbeeren, Trauben, Himbeeren, Brombeeren, Heidelbeeren, Birnen u. a.), eine Zimtstange, 100 g braunen Kandiszucker, einen Liter Birnenbrand (Williams).
Obst gründlich waschen und gut trocken tupfen. Bei Steinobst die Steine entfernen, jedoch zwei Stück zerschlagen und mit in die Flasche füllen. In eine ausreichend große Flasche werden abwechselnd mit dem Kandiszucker die Früchte eingefüllt und über Nacht zugedeckt stehen gelassen. Dann einen Liter Birnenbrand darüber gießen und Flasche gut verschließen. Den Ansatz hell, aber nicht sonnig, stellen und zwischen vier und sechs Wochen reifen lassen. Dabei immer wieder leicht schütteln, damit sich der Zucker auflösen kann. Durch ein Mulltuch seihen und in schöne Glasflaschen abfüllen. Zuvor kann man ein bis zwei Herbstfrüchte in die Flaschen geben.

Ein fruchtiges Erlebnis: Likör mit Herbstfrüchten

Estragon-Likör

Wir nehmen einen großen Strauß Französischen Estragon und zupfen davon alle Blätter ab. Es sollte mindestens eine Handvoll ergeben. Die Blätter werden mit einem Liter Wodka übergossen und in einer Karaffe drei bis vier Tage gut verschlossen stehen gelassen. Aus 1 kg Zucker und einem Liter Wasser bereiten wir eine Lösung, geben diese zu dem alkoholischen Auszug und vergessen nicht, eine Stange Vanille dazuzutun. Nach 14 Tagen abseihen und in nette Fläschchen mit einem Zweig Estragon zur Dekoration füllen. Da freut sich Ihr Magen!

Ingwer kandieren

300g Ingwer wird leicht geschält bzw. abgeschabt, in mundgerechte Stückchen geschnitten und in anderthalb Liter Wasser 15 Minuten leicht geköchelt, danach abgesiebt. Ein Liter dieses Suds wird mit 250g Zucker verrührt und eine Minute köchelnd auf dem Herd behalten. Die Ingwerstückchen werden in einer Schüssel mit diesem Sirup übergossen und 24 Stunden stehen gelassen, dabei mit einem Teller beschwert.
Nach dieser Zeit den Sirup abgießen und erneut mit 150g Zucker aufkochen, abschäumen und über den Ingwer geben. Das wiederholen wir fünf Tage lang, dann die Stückchen fünf Minuten in Sirup kochen, abtropfen lassen. Den Ingwer im leicht geöffneten Backofen bei 120 °C ca. einen halben Tag trocknen und mit Puderzucker bestreuen.

Esskastanien zu sammeln ist eine stachelige Angelegenheit.

Kräuterkekse vom Land

240g Dinkelmehl, 120g Weizenvollkornschrot, 50g Zucker, zwei Teel. Backpulver, eine Prise Salz, einen gehäuften Essl. getrocknetes Basilikum und einen halben Teel. Lavendelblüten in eine Schüssel geben und vermischen. In die Mitte eine Mulde drücken und dort zwei schaumig geschlagene Eier und 180g flüssigen Honig hineingeben. Alles gut verrühren, bis ein glatter Teig entsteht. Das Backblech einfetten und mit Mehl bestäuben. Den Teig löffelweise mit etwas Abstand daraufgeben. Im vorgeheizten Backofen bei 180 °C etwa 20 Minuten backen.

Maronenkugeln

1 kg Maronen (Esskastanien) kreuzweise einschneiden, in kochendes Wasser geben und mindestens 25 Minuten kochen, bis die Schale aufplatzt. Abtropfen und abkühlen lassen, dann die Schale mit einem scharfen Messer abziehen. Die Maroni im Mixer zerkleinern oder durch die Kartoffelpresse drücken. Mit 150g Honig zu einer glatten Masse verrühren und kleine Kugeln daraus formen. Einen Teel. Zimt und 175g Puderzucker vermischen und auf einem flachen Teller die Kugeln darin wälzen. Esskastanien sind auch schon fertig gekocht und geschält in der Feinkostabteilung erhältlich.

Äpfel sind auch für Tees geeignet.

Gesundheits- & Kosmetiktipps

Kalter Entschlackungstee

Je einen Essl. Maisgrannen, Heideblüten, Kirschstiele, Zinnkraut mit einem viertel Liter kochenden Wasser übergießen. Eine unbehandelte Zitrone und eine unbehandelte Orange vierteln oder in Scheiben schneiden und mit drei Zweigen Krause-Minze zum Tee geben. Zehn Minuten ziehen lassen, dann abseihen und eisgekühlt in einer Karaffe servieren. So wird Entschlacken zum Genuss.

Röschen-Tee

30 g Hagebutten, 30 g Rosenblüten, 20 g Hibiskusblüten und 20 g Jasminblüten mischen und einen gehäuften Essl. dieser Mischung mit einer Tasse heißem Wasser übergießen. Acht Minuten ziehen lassen und mit oder ohne Honig genießen. Schmeckt toll und hat eine Menge Vitamin C.

Erikablüten mit Heidehonig

Gerade im Herbst kommt ein entwässernder Tee recht, der auch gleichzeitig bei Infektionen der Harnwege hilft: Vier Essl. Erikablüten, ein Essl. Maisgrannen, ein Essl. Bärentraubenblätter und ein Essl. Hauhechelwurzel mit einem Liter kochenden Wasser überbrühen, fünf Minuten ziehen lassen und mit Heidehonig süßen.

Erquicklicher Apfel-Tee

Bei dem Begriff „Kräutertee“ denken viele an ein langweiliges, lauwarmes und meist auch noch bitteres Getränk, das man nur dann trinkt, wenn es einem besonders besch... geht. Es gehört daher zu den Hauptaufgaben einer modernen Kräuterhexe, diesem Klischee mit Aufklärung entgegenzuwirken. Dazu gehört auch der Tipp, das im Herbst anfallende Überangebot an Gartenäpfeln als natürliche Aromastoffe für Kräutertees zu verarbeiten. Apfelschale und -stückchen lassen sich trocknen, auch Fallobst kann so noch verwendet werden.

Eibischwurzel

Ein „Herbstkraut" in zweifacher Hinsicht ist ein Vertreter aus der Malvenfamilie mit dem Namen „Eibisch". Die Wurzel mit ihrem hohen Schleimstoffgehalt wird im Herbst geerntet, geschält und getrocknet, um dann als Tee bzw. wässriger Auszug den durch Infekte entzündeten Hals-Rachenraum zu beruhigen. Da die Wurzel nicht gerade übel schmeckt, wird ein Eibischtee auch von Kindern akzeptiert, – besonders wenn er durch Hibiskusblüten rot gefärbt wird.

Leber-Galle-Tee

Alle Trockenkräuter – 40 g Löwenzahn, 20 g Mariendistel, 20 g Gänseblümchen, 10 g Rosmarin und 10 g Kamillenblüten – gut vermischen. Man nimmt einen Essl. pro Tasse, fünf Minuten ziehen lassen. Ein Tee zur Unterstützung und Entgiftung von Leber und Galle; er ist auch bei Verdauungsstörungen zu empfehlen.

Feiner Gesundheitstee

10 g Kamillenblüten, 10 g Pfefferminzblätter, je 10 g leicht angestoßene Fenchelfrüchte und Anisfrüchte, 20 g Thymianblätter, 10 g Hagenbuttenschalen, 10 g Eibischwurzel, 10 g Schlüsselblumenblüten und 10 g Rosenblütenblätter gut durchmischen. Einen Essl. pro Tasse aufbrühen und fünf Minuten ziehen lassen. Dieser äußerst wohlschmeckende Tee ist gleichzeitig zur Vorbeugung gegen Erkältungskrankheiten geeignet.

Tee gegen Kopfschmerzen

20 g Eisenkraut, 10 g Fenchel, 20 g Lavendel, 20 g Melisse, 20 g Quendel, 10 g Rosmarin und 20 g Weidenrinde mischen. Einen Essl. pro Tasse nehmen, fünf Minuten ziehen lassen. Als krampflösender, entspannender und schmerzlindernder Tee mit Blutdruck unterstützender Wirkung ist er begleitend bei allen Arten von Kopfschmerzen geeignet. Die Ursache aber unbedingt vom Arzt abklären lassen!

Hilft bei dickem Kopf – Migränetee

Melissengeist nach Art des Hauses

Ein Rezept der würzigen Art lautet: 60 g abgezupfte frische Melissenblätter, 15 g geriebene Muskatnuss, 15 g grob gestoßene Korianderkörner, eine zerbröselte Stange Zimt und einen Liter Wodka in eine Flasche geben und acht Tage ziehen lassen. Alles sauber abfiltrieren und bei Abgespanntheit oder Erschöpfung einen Teel. in ein Glas Wasser geben oder zehn Tropfen auf einen Würfel Zucker.

Blutwurzel-Elixier

Sie benötigen 20 g Blutwurzel, 5 g Angelikawurzel, 5 g ganze Kardamomkapseln, drei Sternanis, 5 g geschroteten Zimt, 5 g gestoßene Wacholderbeeren, 5 g geschnittene Wermutblätter, 5 g Orangenschalen und Pfefferminzöl.

Diese Kräuter-Gewürzmischung wird in eine Weithalsflasche mit einem Liter Fassungsvermögen gegeben und mit 40%igem Alkohol (Korn, Obstler) oder noch besser Topinamburschnaps aufgefüllt, verschlossen und mindestens 14 Tage lang im Hellen stehen gelassen. Danach abfiltrieren und zehn Tropfen reines ätherisches Pfefferminzöl zusetzen.

Als Heiltrank bei Verdauungsstörungen und Völlegefühl ungesüßt verwenden. Als Aperitif wird die Gesamtmenge Flüssigkeit mit zwei Essl. Krümelkandis gesüßt. Danach noch einmal eine Woche reifen lassen.

Anis-Fenchel-Kümmel-Likör ist ein wohltuender Likör für alle Menschen, die unter Blähungen leiden.

Anis-Fenchel-Kümmel-Likör

Je 30 g Anis, Fenchel und Kümmel in einem Mörser anstoßen, in ein Teefilterpapiersäckchen füllen und zubinden. Mit einem Stängel Pfefferminze und 150 g weißem Kandiszucker in eine Flasche füllen und mit einem Liter Obstler auffüllen. Etwa drei Wochen an einem warmen Ort stehen lassen, bis sich der Zucker aufgelöst hat. Danach abfiltrieren und mit einem frischen Zweig Pfefferminze in eine schöne Flasche abfüllen.

Zauberkraut Baldrian

So mancher Wanderer mit offenen Augen, zumindest was die Pflanzen am Wegesrand betrifft, wird sich über blassrosa Blütenstände mit dem herrlichen Honigduft, besonders an Waldwegen, schon gewundert haben. Für die meisten handelt es sich dabei um eine „schöne Unbekannte“, denn wie sollte man auch auf die Idee kommen, dass es sich hierbei um den doch weniger beliebten Baldrian oder „Bullerjan“ handelt. Die als Heilkraut verwendete Wurzel hat nicht unbedingt ein „anziehendes“ Aroma, es sei denn für Katzen. Dies brachte den Baldrian früher in den Ruf, als Liebesmittel zu wirken. Heute kennen wir vor allem die beruhigende Wirkung.

Sie fördern die Verdauung

Bernstein hilft bei Magen-, Milz-, Leber- und Gallenbeschwerden. Er wird auch als das „Gold des Nordens“ bezeichnet. Man findet ihn sowohl an der Ostsee als auch an der Nordsee, wobei das Vorkommen im Osten wesentlich höher ist. Bernstein ist ein versteinertes Harz und daher sehr leicht. Selbst große „Steine“ werden zu Ketten verarbeitet und sind tragbar! Ein Dumortierit hilft bei Übelkeit, Erbrechen, Krämpfen, Koliken und Durchfall. Panik und große Angst werden positiv beeinflusst, er gibt Mut und Zuversicht, sodass psychisch bedingte Verdauungsprobleme verschwinden.
Der Epidot fördert die Gallenproduktion und verbessert die Verdauungsprozesse im Dünndarm. Magnesit hilft bei Magnesiummangel; er wirkt entgiftend und krampflösend bei Magen-Darmkrämpfen sowie Gallenkoliken.
Prehnit regt den Fettstoffwechsel an. Im Fett eingelagerte Giftstoffe werden beschleunigt entfernt. Und ein Variscit neutralisiert Übersäuerung und hilft bei Sodbrennen, Gastritis und unterstützt bei Magengeschwüren.

Heilsteine contra Schmerzen

Der Amethyst wirkt allgemein schmerzlindernd, bei Verletzungen, Prellungen und Schwellungen. Besonders Spannungskopfschmerzen können durch eine Kopfhautmassage mit Amethyststoffen oder Kristallen gelindert werden.
Schmerzlindernd, krampflösend, entgiftend und entzündungshemmend wirken Türkise. Doch Achtung! Nur echte Türkise haben eine Heilwirkung. Kein anderer Stein wird so häufig gefälscht wie der Türkis. Daher sollte er wie auch alle anderen Heilsteine nur in seriösen Heilsteinläden gekauft werden.

Energiestau beheben

Schwarze Steine wie Onyx, Obsidian, Tektit oder schwarzer Turmalin sind aufgrund ihrer Absorptionswirkung dazu geeignet, Energieüberschüsse abzuziehen. Einen solchen Energiestau hat jeder Mensch schon einmal erlebt, nämlich den Schmerz. Schwarze Mineralien sind immer dann angesagt, wenn Schmerzen durch Entspannung reduziert werden können. Bei jedem Zahnarztbesuch befindet sich daher irgend etwas „Schwarzes“ in meiner Kräuterhexenhand.

Der Turmalin entspannt

Wurzelkräuter besitzen Heilkräfte

Löwenzahnwurzel für die Leber-Galle-Therapie, Liebstöckelwurzel gegen Wasseransammlungen und Blasen- und Nierenbeschwerden, Beinwellwurzel gegen Verstauchungen, Muskelkrämpfe und Blutergüsse und Baldrianwurzel für unsere Nerven besitzen im Herbst die größte Heilkraft. Sie werden erst, nachdem die oberirdischen Teile der Pflanzen verschwunden sind, geerntet. Man sollte daher die Stellen, an denen sie zu finden sind, markieren!

Kosmetikpflanze Klettenwurzel

Eine alterwürdige Kosmetikpflanze ist die Klettenwurzel. Diese stattliche Pflanze mit den „Distelköpfchen“ wächst an so manchem Wegesrand, sogar mitten in der Stadt habe ich sie schon entdeckt. Die interessanten Teile dieser Pflanze sind, neben den Köpfchen in Hemdkragen, Strümpfen oder Betten unliebsamer Zeitgenossen, vor allem die Wurzeln. Diese werden entweder klein geschnitten und getrocknet in Leber-Galle-Tees verarbeitet oder als Heilbad bei Flechten, Furunkeln, Geschwüren und Hautunreinheiten empfohlen. Pflegemittel auf öliger, wässriger oder alkoholischer Basis entwickeln ihre Heilwirkung bei Problemen mit dem Haar, der Kopfhaut, bei entzündeter Haut und Akne.

Dämonische „Belladonna“

Die appetitlich aussehenden Kirschen dieser „schönen Frau“ haben schon so manchen Menschen, ob groß oder klein, ins Grab gebracht. Aber auch das Gegenteil wird in so manchem alten Kräuterbuch beschrieben. „Erotisierend und verschönernd“, und das speziell bei Frauen, soll dieses Kraut wirken. Daher wohl der Name. Auch ging man lange Zeit davon aus, dass ein schöner, weiblicher Dämon (unsichtbar natürlich!) diese Pflanze bewohnt und die Menschen sowohl glücklich wie auch krank und wahnsinnig machen und nicht zuletzt auch den Tod bringen kann. Ich rate daher dringend davon ab, Experimente mit der Tollkirsche zu machen.

Majoran – das Wurstkraut

Es erinnert vom Geschmack her an Thymian, ist aber wesentlich lieblicher. Der Majoran wirkt krampflösend und magenerwärmend, er ist das „Wohlfühlkraut für alle Verdauungsgestörten“.
Achten Sie beim Kauf der Pflanze auf die richtige Bezeichnung, da Majoran häufig mit Oregano verwechselt wird.

Wissenswertes von der Wegwarte

Im Spätsommer und Herbst trifft man sie häufig am Wegesrand – die himmelblau blühende Wegwarte. Sie ist nichts anderes als eine verzauberte Jungfrau, die noch immer darauf wartet, von ihrem Liebsten erkannt und erlöst zu werden. Weniger märchenhaft ist die Verwendung der Wurzel als Kaffeeersatz in schlechten Zeiten und als Wundmittel gegen Blutungen. Durch Bitterstoffe eignet sie sich als Heilpflanze bei Magenleiden und Appetitlosigkeit.
Übrigens macht eine an Jakobi (25. 7.) gegrabene Wegwartenwurzel hieb- und stichfest. Nur für den Fall, dass Sie so etwas brauchen …

Natur- & Kräuterkosmetik

Früher war es selbstverständlich, kosmetische Präparate aus natürlichen, d.h. pflanzlichen, tierischen und mineralischen Bestandteilen, selbst herzustellen oder in der Apotheke zu besorgen. Schließlich kannte man nichts anderes. Durch die industrielle Massenproduktion ging die Kenntnis dieser „alten“ Natur- und Kräuterrezepturen verloren. Gleichzeitig nahmen jedoch die Allergien gegen so manches Schönheitsmittel zu, was sich dann durch eher unschöne Symptome wie Pickel und Ausschläge bemerkbar machte und macht.
Heutzutage sind daher die rein natürlichen und auf pflanzlicher Basis hergestellten Kosmetika gefragter denn je, und erfreulicher Weise hat sich auch ein Teil der Kosmetikindustrie auf diese Nachfrage eingestellt. Aber „selbstgekocht“ wirkt es immer noch am besten!

„Gemeine“ Wegwarte

Herrlich duftig – ein Bad in der Wanne mit Blüten oder Kräutern

Pfefferminz-Mundwasser

Pfefferminze neigt im Garten dazu, sich enorm auszubreiten, sodass jede Menge Verwendungsmöglichkeiten gefragt sind. Wie wäre es mit einem Mundwasser aus frischer Pfefferminze? Dazu füllen wir eine 100 g Flasche mit drei bis vier Stielen Pfefferminze und füllen sie mit 100 ml 70%igem Alkohol auf. Nach vier bis sechs Wochen hat sich daraus eine intensiv duftende Pfefferminztinktur entwickelt.
Von dieser Tinktur nehmen wir einen Teel. und dazu zwei Tropfen ätherisches Pfefferminzöl, die wir in einem Schnapsglas Alkohol auflösen. Das Ganze wird dann mit 70 g destilliertem Wasser vermischt. Ein Spritzer dieses Gebräus auf ein Glas Wasser und den Mund damit ausgespült desinfiziert den Mundraum und erfrischt den Atem.

Kräuterquark-Gesichtsmaske

Jeweils einen Essl. frische Malvenblüten und frische Melissenblätter sehr fein schneiden und mit 100 g Sojaöl übergießen. Anschließend 14 Tage in einer verschlossenen Flasche im Hellen stehen lassen, sauber abfiltrieren und die Flüssigkeit in die Flasche zurückfüllen.
40 g dieses Kräuteröls mit 200 g Quark und etwa drei Essl. Rosenwasser gründlich verrühren, anschließend auf das Gesicht geben und nach 10–15 Minuten Einwirkzeit mit lauwarmem Wasser abspülen und trockentupfen. Diese Behandlung hilft bei müder und abgespannter Haut.

Kräuterblüten-Schaumbad

In 400 ml neutrales Schaumbad (ohne Parfüm) geben Sie je 2 ml Jasminöl, synthetisches Rosenöl und Rosmarinöl und schütteln diese Mischung gut durch. Etwa einen Ess. fein zermörserte Lavendelblüten geben dem Badezusatz noch etwas Duft und optischen Reiz, sodass es sich lohnt, dieses Duftbad in einer Glasflasche aufzubewahren. Als Dekoration dient eine getrocknete Rosenblüte, die mit einigen Lavendelblüten als Sträußchen gebunden und mit einer Schleife am Flaschenhals befestigt wird.

Bewährtes Duftsalz

Kennen Sie auch die alten Spielfilme in denen die Frau von Welt immer im richtigen Augenblick nach ihrem Riechfläschchen im „Pompadour" suchte und es gerade noch rechtzeitig ihrem Lover in die Hand spielte? Nun, die Rezeptur dieser Riechsalze lautet folgendermaßen: Ein Essl. Meersalz in ein kleines braunes Fläschchen geben, mit jeweils zehn Tropfen Ylang Ylang Öl, Jasminöl und Sandelholzöl beträufeln und gut schütteln. Die Mischung gilt als erotisierend. Wer aber tatsächlich zu Ohnmacht neigt nimmt fünf Tropfen Rosmarinöl und fünf Tropfen Zitronenöl.

Lavendel-Kompresse

Hilft bei Kopfschmerzen, Anspannung und Erschöpfung. Sie brauchen eine Handvoll Lavendelblüten und zwei Tropfen Lavendelöl. Beides mit einem halben Liter kochenden Wasser überbrühen und zehn Minuten ziehen lassen. So viel kaltes Wasser dazugeben, bis die Temperatur erträglich ist. Ein Gästetuch darin tränken und dieses auf die Stirn legen. Den Duft langsam einatmen. Für diese Anwendung sollten Sie sich alle Zeit der Welt nehmen.

Entspannendes Lavendel-Bad

Geben Sie 10–15 Tropfen Lavendelöl (*Lavandula angustifolia*) in ein Schnapsglas voll Süßer Sahne oder einen halben Becher Milch und setzen diese Mischung dem Badewasser zu. Hmmm!

Lavendelblüten-Bad

50 g Lavendelblüten mit einem Liter kochenden Wasser überbrühen und zehn Minuten ziehen lassen, danach abseihen und diesen Auszug mit Sahne (etwa die Menge, die in ein Likörglas passt) sowie mit 10–15 Tropfen Melissenöl vermischen und dem Badewasser zusetzen. Das wirkt herrlich entspannend!

Lavendelblüten sorgen für Entspannung.

Körperpuder mit Salbei

Vier getrocknete Salbeiblätter mit 10 g Zinkoxid und 50 g Talkum sehr fein mörsern. Zum Schluss zehn Tropfen Salbeiöl darüberträufeln und alle Zutaten gut vermischen. Dieses Körperpuder eignet sich besonders bei starkem Schwitzen zur Reduzierung der Schweißbildung. Achten Sie bei der Zubereitung des Puders unbedingt darauf, dass sich das Salbeiöl gut verteilt, es könnten sonst Klümpchen entstehen.

Winter

Die Natur begibt sich langsam in den Winterschlaf, und auch für uns findet die Gartensaison ihr Ende. Leben Sie mit den Rhythmen der Natur, denn sie sind uns Menschen ebenfalls zuträglich. Lehnen Sie sich zurück, genießen Sie Ihre Kräuterschätze aus einem erfolgreichen Jahr.

Gartentipps

Utensilien & Werkzeuge

Der Winter gehört – was den Gärtner betrifft – überwiegend zu der ruhigen Zeit, was die Außenarbeiten im Garten betrifft. An schnee- und frostfreien Tagen wird man im höchsten Fall einmal die Gartenschere oder Astschere hervorholen um wegstehende, überzählige oder geknickte Pflanzenteile zu entfernen. Jetzt können auch Zweige von Obstbäumen zum Vortreiben der Blüten für die Vase geschnitten werden.

Die Grabegabel wird fit gemacht.

Geräte & Werkzeuge reinigen

An den ersten warmen Tagen im Februar fällt es meistens etwas leichter, Geräte und Werkzeuge vom Schmutz der vergangenen Saison zu reinigen, denn mit steifgefrorenen Fingern ist dies ein schwieriges Unterfangen. Wasser, Reinigungsmittel z. B. Schmierseife, Öl und Bürsten gehören dann zu den wichtigsten Utensilien. Alle Geräte aus Metall müssen nach dem Reinigen mit Öl und Fett vor Rost geschützt werden. Ein mit Öl getränkter Lappen hat sich in diesem Fall als hilfreich erwiesen.

Frostschutz anbringen

Den klassischen Winterschutz in Form von Tannenreisig oder Holzwolle bringe ich immer erst dann aus, wenn längere Kälteperioden ohne Schnee zu befürchten sind. Deckt man nämlich zu früh ab, schafft man ein hervorragendes Klima für allerlei Schädlinge, die es sich dann so richtig gemütlich machen können, denn der Winterschutz bleibt ja bis zum Frühjahr erhalten. Diese Vorgehensweise ist zwar etwas aufwändiger, denn ich muss mich ständig um Wettervorhersagen kümmern, aber letztendlich hat man doch den größeren Nutzen davon.

Kübelpflanzen im Winterquartier

Meine Kübelpflanzen habe ich bereits Ende Oktober in den Wintergarten verfrachtet, sodass sie den Übergang von draußen nach drinnen besser vertragen können. Im Winterquartier muss ich sie jedoch in regelmäßigen Zeitabständen nach irgendwelchen unnützen Bewohnern absuchen und im Falle eines Falles Gegenmaßnahmen ergreifen.

Pläne schmieden

Im Winter können wir gemütlich in der warmen Stube und ohne schlechtes Gewissen Platz nehmen und unseren Gartenplan für die nächste Saison vorbereiten. Eine Arbeits- und Bedarfsliste mit Skizze ist in diesem Fall sehr sinnvoll, denn wenn die ersten warmen Sonnenstrahlen kommen, haben wir dazu keine Zeit mehr.

Kräuter und Samen bestellen

Nachdem unser Gartenplan feststeht sollten wir uns daran machen, benötigtes Saat- und Pflanzengut zu beschaffen bzw. zu bestellen. Alles, was wir brauchen, müsste bis Februar vorrätig sein, denn das Frühjahr kommt manchmal wirklich sehr früh, sodass es durchaus zu Lieferschwierigkeiten kommen kann.

Kräuter als Beetumrandung

Nach der Blüten- und Farbenpracht der vorangegangenen Jahreszeiten enthüllt sich im Winter die Struktur eines Gartens. Der Winter eröffnet die Anordnung von Beeten, Wegen, Hecken und Zäunen. Neben den klassischen Immergrünen wie Buchsbaum, Efeu u.a. eignen sich auch Kräuterstauden als Umsäumungen von Beeten und Rabatten. Thymian, Heiligenkraut, Lavendel vertragen einen Formschnitt und bieten somit dichte Horste, die selbst im Winter als Umrandung erkennbar sind.

Erika – die Großfamilie

Hinter diesem schönen Namen verbirgt sich nicht nur so manches Frauenzimmer, sondern auch eine sehr große Pflanzenfamilie. Besonders in der Herbst- und Winterzeit erinnert man sich häufig wieder an diese Familie, da sie sich als Grab- und Heidegartenbepflanzung besonders eignet. Die Pflanzung sollte jedoch bereits in den Spätsommertagen vorgenommen werden, denn auch „Frau Erika“ benötigt noch etwas Wärme um anwachsen zu können. Das wird leider häufig nicht berücksichtigt, sodass die Freude an ihr nicht lange währt.

Thymian – nicht nur im Sommer eine dufte Beetumrandung

Ein Blickfang im Winter – Christrose in Purpur

Grüntöne en masse

„Du grünst nicht nur zur Sommerszeit ...“ Mit diesem Lied wird das wichtigste Grün des Winters, nämlich das des Tannenbaums besungen, aber diese Zeile steht für eine wesentlich größere Palette der „Wintergrünen“. Die Grüntöne von Koniferen beschränken sich jedoch nicht nur auf das vielzitierte „Tannengrün“, sondern auf eine ganze Reihe von „Grün“: Weißgrün, Gelbgrün, Blaugrün, Schwarzgrün, Braungrün, Hellgrün, Graugrün u. a. sind möglich. Es kommt immer auf das Licht und die Sorte an. Aber auch der Rasen verliert im Winter nicht sein Grün, er wird nur etwas blasser.

Mit Winterfarben spielen

Der Winter ist, was die Farben in einem Garten angeht eher ein „Softie“ im Vergleich zu den oft grellen, aber deswegen nicht unschönen Tönen, die der Sommer oder der Herbst unseren Augen bieten. Wenn der Schnee mit seinem Knallweiß nicht gerade alles zudeckt – und das ist immer seltener der Fall, selbst in höheren Lagen – werden wir in erster Linie die verbliebenen Braun- und Grüntöne von Landschaft und Garten erkennen. Bei näherer Betrachtung sind jedoch sehr viele Nuancen zu erkennen und bei einer klugen und professionellen Gartenplanung können auch die Winterfarben ihre Reize zeigen.

Braun – die Strukturfarbe

Mit der Farbe „Braun“ verbinden wir nicht nur Kaffee, Schokolade, Haut und Haare, sondern auch Holz, Erde, Herbst, Vertrocknetes und Nüsse. Der Herbst und der Winter sind geprägt von ihren Brauntönen. Die trockenen Samenstände der Kardendistel und Schafgarbe, von Gräsern und Sträuchern, aber auch die braunen Umrisse von Bäumen, die je nach Lichteinfall bis ins Schwarze reichen, sind im Winter deutlicher denn je zu erkennen. Aber auch die verschiedenen Brauntöne und Strukturen von Rinden z. B. Kirsche, Weide, Eiche u. a. sind jetzt in ihrer ganzen „Pracht“ sichtbar.

Lichtfarbe Gelb

Obwohl die Farbe „Gelb“ eher mit Frühjahr bzw. Ostern in Verbindung gebracht wird, lohnt es sich auch einmal im Winter nach diesem Farbton Ausschau zu halten. Gelb bringt Licht und Farben, wenn uns das Grau des Winters auf die Nerven geht. Und das meine ich wörtlich. Hamamelis oder Zaubernuss, Winterjasmin und Kornelkirsche sind winterblühende Sträucher, die uns bereits im Januar mit ihren gelben vielgestaltigen Blüten erfreuen. Der gelbe Hartriegel hebt sich mit seinen Zweigen vor immergrünen Koniferen besonders gut ab und das gelb panaschierte Efeu an der Hauswand bekommt an frostigen Wintertagen sogar einen Hauch Rosa aufgelegt.

Winterfarbe Weiß

Sie werden jetzt zurecht sagen, dass die wohl verbreitetste Farbe im Winter logischerweise das „Schneeweiß“ ist. Es gibt jedoch auch Pflanzen, die im Winter mit „Weiß“ aufwarten können und das besonders an schneefreien Tagen. Christ- oder Schneerosen, Schneeglöckchen und Schneeballarten (das sind Duftsträucher) beinhalten bereits in ihrem Namen Jahreszeit und Blütenfarbe.

Die weißen Beeren der Mistel und der Schneebeeren und die weiße Rinde von Weißbirke und Eukalyptus (der auch bei uns wächst) sind ebenfalls „Hingucker“ in einem Umfeld von Grau, Braun und Grün. Und nicht zu vergessen die weißbereiften Zweige von der Reifweide und die Blätter der immergrünen Ölweide. Dieser Strauch aus dem Mittelmeergebiet verströmt im Sommer aus gelben Blüten einen betörenden Duft.

Die Zaubernuss – einer der ersten Winterblüher

Weiß ist nicht gleich Weiß – Schneeglöckchen

Bizarre Korkenzieher-Hasel

Wohl zu keiner anderen Jahreszeit als im Winter ist die bizarre Wuchsform der Korkenzieher-Hasel zu erkennen. Die enorm hohen Preise sowohl einzelner Zweige dieser Pflanze als auch für die Mutterpflanze begründet sich in der langsamen Wachstumszeit. Bis sich aus einem veredelten Setzling (nur so ist diese Haselart zu vermehren) ein stattlicher Strauch entwickelt hat vergehen viele Jahre. Viel schneller wachsen die anderen Haselarten und besonders natürlich unsere wilde Haselnuss mit ihren Kätzchenblüten im Spätwinter. Haselnusssträucher sind besonders für die naturnahe Heckenpflanzung geeignet.

Charmanter Gräsergarten

Eine Gartenanlage mit verschiedenen Gräserarten wird ihren Charme auch im Winter verbreiten, sofern Sie sie nicht kaltblütig zurückgeschnitten haben. Filigrane Grasbüschel mit den ausgefallenen, trockenen Samenständen des vergangenen Sommers sehen mit Raureif überzogen besonders zauberhaft aus und so manch hungriger Vogel entdeckt doch noch das eine oder andere Samenkörnchen. Auch bei den Grassorten gibt es übrigens verschiedene Farben, Formen und Wuchshöhen, sodass sich ein interessantes Gesamtbild ergeben kann.

Kräuter im Winterschlaf

Viele Kräuterfreunde kultivieren ihre mehrjährigen Kräuter in Kübeln und Töpfen. Der Vorteil dieses mobilen „Kräutergartens“: Man kann die Anordnung jederzeit, auch witterungsbedingt, verändern und frostempfindliche Exemplare ins Haus holen.
Doch eine Überwinterung hat so ihre Tücken, denn im Gegensatz zu Geranien, Wurzelstöcken und Blumenzwiebeln können wir die Kräutertöpfe nicht unbeaufsichtigt lassen. Die Schützlinge dürfen nie ganz austrocknen und müssen regelmäßig nach unnützen Bewohnern abgesucht werden, um rechtzeitig Gegenmaßnahmen ergreifen zu können. Der Winteraufenthaltsort sollte kühl und hell sein. An frostfreien Tagen ist Lüften angesagt, denn frische Luft erhöht auch bei Pflanzen die Widerstandskraft gegen Krankheiten und Schädlinge.

Winterfütterung der Vögel

In einem Hexenkräutergarten stellen sich eine ganze Reihe Gartenhelfer von selbst ein. Zu meinen wichtigsten Helfern gehören jene, die zu Beginn der kalten Jahreszeit unüberseh- und unüberhörbar vor meinen Fenstern auf und ab fliegen und die gewohnte alljährliche Bewirtung verlangen. Zunächst werden einmal die Früchte von Eberesche, Holunder, Efeu und Rosen gepickt. Für die Körnerspezialisten unter den Vögeln stehen überall noch einige Samenstände der Stauden zur Verfügung und so manches Getier wird auch noch unter den verwelkten aber vorhandenen Blättern entdeckt. Meisenknödel oder schrumpelige Äpfel gibt es daher erst bei Schnee und (Dauer-)Frost.

Das schmeckt – Kohlmeise am Meisenknödel

Hexengarten im Winter

Die Tatsache, dass ich meine Kräuter nicht zurückschneide und dass sich so mancher Rosen- und Holunderstrauch in meinem Garten heimisch fühlt, gibt dem Ganzen gleich eine lebendigere Struktur. Außerdem lege ich Wert darauf, auch einige immergrüne Pflanzen in Form von Buchsbäumchen, Stechpalme und Efeu um mich zu haben. Sie spielen auf der Kräutergartenbühne im Winter ihre Rollen hervorragend. Thuja-Büsche und andere fremdartige Gewächse, und seien sie noch so dekorativ, bekommen keinen Bühnenvertrag, denn sie passen einfach nicht ins Ensemble. Diese Rolle übernimmt der Wacholder.

Achtung Schneebruch!

Große Mengen Nassschnee können bei immergrünen Sträuchern und Rhododendren zu so genanntem „Schneebruch“ führen, d.h. die Äste brechen unter der Last des Schnees einfach ab. Das kann zu erheblichen Verletzungen an der Pflanze führen. Die Bruchstellen der Zweige müssen sauber nachgeschnitten werden. Besser ist es jedoch, durch vorsichtiges Abklopfen des Schnees mit einem Besen oder Rechen solch einen Schneebruch von vornherein zu vermeiden.

Folientunnel vorbereiten

Im Spätwinter können wir an frostfreien Tagen die Beete für den Folientunnel vorbereiten. Umgegrabene Beete werden mit dem Rechen egalisiert und die Bögen für den Tunnel eingegraben. Die Folie wird in Reichweite deponiert, sodass sie nach der Aussaat bzw. Pflanzung sofort über das Beet gestülpt werden kann.

Rote Beeren peppen Wintersträuße auf.

Wildbegleitkräuter beobachten

Unkraut, so genannte Wildbegleitkräuter, braucht uns nicht immer nur zu ärgern, sondern es kann uns auch sehr wichtige Hinweise auf die Bodenbeschaffenheit, bzw. jetzt im Winter den richtigen Zeitpunkt für die Frühaussaat anzeigen. Wenn sich im neuen Jahr im Gartenbeet das erste Grün bemerkbar macht und rasch ausbreitet ist das ein Zeichen dafür, dass der Boden bereits warm genug ist, um Vogelmiere und Co. keimen zu lassen. Dieses Grün wird nun schnell und sauber entfernt und die Nutzpflanzenaussaat kann vorgenommen werden.

Winterstrauß aus dem Garten

Sie haben sicher auch schon die Erfahrung gemacht, dass Blumensträuße im Winter eher etwas für den größeren Geldbeutel sind. Wir können jedoch auch im winterlichen Garten bzw. in der Landschaft die Zutaten für einen Blumengruß finden.

Die Zweige von Immergrünen können mit Haselzweigen, Efeuranken, Moos, Weinraute, Salbei, Grasbüscheln und den trockenen Samenständen verschiedener Wildkräuter zu einem Strauß gebunden werden. Eine großblütige Edelrose ist auch im Winter erschwinglich und setzt solch einem Winterstrauß ein besonderes Glanzlicht auf. Der gleiche Basisstrauß kann mit Beerenzweigen und eingebundenem Gemüse rustikal gehalten werden.

Kräutergarten-Variationen

Die kleinste Form des Kräutergartens besteht aus Balkonkästen und Kübeln. Eine größere Variante wäre dann schon der Steingarten oder das Kräuterbeet in Ihrem Nutzgarten. Selbst in recht eng bemessenen Vorgärten kann ein Kräutergarten entstehen. Sie können jedoch auch Ihren gesamten Gartenbereich in ein duftendes Kräuterparadies verwandeln und viele Kloster- und Schlossgärten mit überwiegendem Kräuteranbau machen deutlich, dass es nach oben keine Grenze gibt. Ein Kräutergarten gehört übrigens zu den vielfältigsten Gartenformen überhaupt, denn er kann sich schlicht und ergreifend überall befinden.

Kräutertöpfe für Balkon & Co.

Viele Heil- und Würzkräuter eignen sich für die Kultur in Töpfen. Zahlreiche Pflanzgefäße sind in unzähligen Farben und Formen im Handel erhältlich. Originell finde ich Pflanzenbehältnisse, die ursprünglich einem anderem Zweck dienten und mit Fantasie und Farbe ein neues „Gesicht“ erhalten. Bei aller Kreativität sollten wir jedoch eines nicht vergessen: Form und Größe des Pflanzgefäßes müssen den Lebensbedingungen der vorgesehenen Pflanzen entsprechen. Die Versorgung mit Wasser, aber auch eine Drainage für den Wasserabzug sind gerade bei Topfkräutern sehr wichtig.

Übertöpfe in Serviettentechnik gestaltet eignen sich „nur“ für den Hausgebrauch.

Feldsalat ernten

Da ich im Frühling oft nicht allen wilden Feldsalat ernten kann, haben viele dieser Pflanzen im Sommer Blüten und Samen gebildet. Mein Wildkräutergarten in der Landschaft beschert mir daher jetzt bereits wieder voll entwickelten Wildsalat, der bis in den Winter hinein den Speiseplan bereichert. Verfeinert wird dieser Salat mit dem jetzt wieder erkennbaren wilden Schnittlauch. Erkennbar deshalb, weil das Graswachstum in den Wiesen nachlässt.

Küchentipps

Wider unangenehme Gerüche

Ein altes Hausmittel um Küchengerüche zu beseitigen besteht darin, im Backofen Orangen- und Zitronenschalen mit einigen Nelken bei 80 °C zu trocknen. Sie können dafür sämtliche Zitrusschalenabfälle verwenden. Schalen von unbehandelten Früchten können getrocknet und noch als Gewürz für Punschtees dienen.

Bringen Frische in die Küche

Wacholderbeeren für Deftiges

Als Küchengewürz werden getrocknete Wacholderbeeren für deftige Speisen gebraucht – ein klassisches Beispiel ist das Sauerkraut. Eine Überdosierung ist eher unwahrscheinlich und außerdem werden die Beeren in der Regel nicht verzehrt. Wacholdergeist wird äußerlich bei Muskelschmerzen und Neuralgien angewandt, innerlich kann er bei Appetitmangel und Verdauungsbeschwerden helfen; er sollte dann aber nur sehr maßvoll und keinesfalls über längere Zeit genommen werden.

Weihnachtliches Pilzöl

Wenn Ihre Steinpilzernte im letzten Herbst sehr üppig ausgefallen ist und Sie einige davon getrocknet haben, können Sie zu Weihnachten ein sehr delikates Pilzöl daraus zaubern. Dazu werden 30 g Steinpilze mit drei Zweigen Ysop oder Basilikum in ein Glas geschichtet und mit gutem Olivenöl übergossen.
Nach 14 Tagen das Öl durch einen Kaffeefilter laufen lassen und die gefilterten Pilze und Kräuter in der Küche verwenden. Das Pilzöl in dekorative Flaschen füllen und einen frischen kleinen Steinpilz als Dekoration mit einlegen. Gut verschlossen ist dieses Öl bis zu drei Monaten haltbar.

Klassisches Suppenkräutersalz

In einem Mörser 20 g Liebstöckel, 20 g Petersilie (beide getrocknet) mit 60 g Meersalz und 10 g gemahlener Muskatnuss gut miteinander verreiben. Trocken aufbewahren!

Kräutersalz aufbewahren

Für Gewürz- und Kräutersalzmischungen besorgt man sich im Handel kleine Schraubgläser oder man sammelt sie selbst. Achten Sie auf eine präzise Beschriftung, möglichst mit Einfülldatum. Sie haben es dann bei der Anwendung wesentlich leichter und können überalterte Gewürze – nach etwa ein bis zwei Jahren – rechtzeitig gegen frische austauschen.

Chilis vorbereiten

Vor der Verwendung in der Küche muss häufig die Haut von Chilis oder Paprika entfernt werden. Dies geschieht entweder durch Grillen, Rösten oder Frittieren. Wenn die Haut nach dem Erhitzen Blasen wirft, sollten wir die Schoten „schwitzen" lassen, d.h. die heißen Früchte in ein feuchtes Tuch wickeln und fünf bis zehn Minuten darin liegen lassen. Die Haut lässt sich auf diese Art leichter abziehen. Die so vorbereiteten Schoten können dann mariniert oder zu Soßen und Suppen weiterverarbeitet werden.

Kräuterknabbergebäck

Ein Paket Pizzateig nach Vorschrift zubereiten. Drei Essl. getrocknete Kräuter der Provence einkneten. Auf einem mit Backpapier ausgelegten Backblech ausrollen und in rechteckige Stücke schneiden (ca. 9 x 4 cm). Auf jedes Stück einen Kräuterzweig aufdrücken, z. B. Oregano, Thymian oder Salbeiblätter, und fertig backen. Danach die Stücke nachschneiden und auskühlen lassen.

Bunte Kartoffelpürees

Im Winter werden gerne deftige Gerichte gekocht und eine beliebte Beigabe ist das gute alte Kartoffelpüree. Aber es muss bei weitem nicht immer langweilig blassgelb aussehen. Rote-Beete-Saft und Spinatsaft ergeben frisches rosa bzw. grünes Püree, Karotten „färben" orange, Safran in Wasser aufgelöst färbt goldgelb. Sie sehen, es kann auch farbenfroh auf dem Teller zugehen.

Rot leuchten die Chilischoten.

Nudeln selbst gemacht

75 g gehackten Tiefkühl-Spinat auftauen lassen und mit einem Ei, einem halben Teel. Salz und einem Teel. Öl pürieren. Diese Masse mit 175 g Mehl verkneten und 30 Minuten als Kugel ruhen lassen. Auf bemehlter Fläche ca. 2 mm dünn ausrollen und entweder mit dem Messer in Streifen schneiden oder mit lustigen Ausstechformen verschiedene Motive ausstechen. Zwei Stunden bzw. zwei Tage trocknen lassen und dann luftdicht verschließen.

Geröstete Sonnenblumenkerne passen gut zum Wintersalat.

Senf nach Art des Hauses

250 g Gelbsenf und 70 g Schwarzsenf mit einem Teel. Pfefferkörner (weiß oder schwarz) im Blitzhacker mittelfein zerkleinern. 125 ml Apfelwein und 125 ml Apfelessig dazugeben und vier Stunden quellen lassen. 130 g Rohrzucker, einen Essl. Salz, zwei feingehackte Estragonzweige und eine feingehackte Handvoll Brennnesselblätter, 125 ml Apfelessig und 125 ml Apfelwein zu der vorgequollenen Masse geben und auf kleiner Flamme unter ständigem Rühren eindicken lassen. Kalt in kleine Gefäße abfüllen, verschließen.

Knackiger Wintersalat

Dazu nehme ich je nach Gusto: Eskariolsalat mit roten Spitzen, Friséesalat, Eichblattsalat, roten Chicorée oder Radicchio, Feldsalat und evtl. Kresse. Die einzelnen Salate waschen, in Stücke zupfen und auf Tellern anrichten. Mit fein gehackten Kräutern wie Purpur-Fenchelblätter, Petersilie, Pimpinelle, Zwiebelringen, Orangenscheiben und gerösteten Mandeln oder Sonnenblumenkernen garnieren und mit einem kräftigen Joghurt-Dressing oder einer klassischen Vinaigrette servieren.

Hering „Nordische Art"

Vier küchenfertige Heringsfilets (Bismarck-, Salzhering) in 2 cm breite Streifen schneiden. 100 ml Weinessig, 30 g Zucker und 250 ml Wasser in einem Topf aufkochen, 20 Minuten köcheln, dann erkalten lassen. Zwei rote Zwiebeln in Ringe schneiden, ein Stück frischen Ingwer klein würfeln und schichtweise mit den Fischstücken und zwei Lorbeerblättern, einem Teel. Senfkörnern, drei Pimentkörnern und einem halben Teel. Korianderkörnern in ein Glas schichten. Den Sud darübergießen und fest verschließen. Zwei bis drei Tage an einem kühlen Ort marinieren.

Würzige Käsekugeln

500 g Mini-Mozarellas trockentupfen und mit je einem Essl. Schwarzem Pfeffer und Schwarzkümmel (beides gemörsert), einer klein geschnittenen Pepperonischote und drei gehackten Knoblauchzehen in ein Glas füllen. Einige Zweige frischer Thymian, Rosmarin und fünf Salbeiblätter als Zutat geben ein pikantes Aroma. Das Ganze mit Olivenöl aufgießen und gut verschließen. Schmeckt sehr gut zu kräftigen Salaten oder Kräuterbrot.

Erwärmendes Glühweingewürz

Ein hervorragend schmeckendes und von „innen“ wärmendes Glühweingewürz mischt man zu gleichen Teilen aus getrockneten Orangenschalen, einer zerbröselten Zimtstange, Zitronenschalen, Gewürznelken, fünf Wacholderbeeren, Anis, Sternanis, Fenchel und etwas Kardamom.

Kardamom-Vanille-Elixier

Vier Vanilleschoten werden ausgekratzt. Schoten und Mark werden mit 250 ml Wasser und 200 g Zucker in einem Topf 15 Minuten lang gekocht. Die Vanilleschoten herausnehmen und den Ansatz in eine ausreichend große Flasche filtrieren. 20 g grüne Kardamomkapseln und 50 g frische Ingwerstückchen dazugeben und mit 500 ml Cognac auffüllen. Vier Wochen dunkel stellen, danach abseihen und in eine saubere Karaffe umfüllen.

Orangenwein zum Verschenken

Zwei unbehandelte Orangen und eine unbehandelte Zitrone waschen, trockenreiben und in Viertel schneiden. Einen halben Teel. frisch geriebene Muskatnuss und eine Vanilleschote in eine Schüssel geben und mit 1,4 Liter Rotwein übergießen. Diesen Weinansatz zwei Wochen zugedeckt (!) ziehen lassen, danach abseihen und sauber filtrieren. 100 g Zucker und ein Viertel Liter Obstler dazugeben und erneut zwei Wochen ziehen lassen. Den fertigen Wein in edle Flaschen abfüllen und mit Wachs versiegeln.

Grüner Tee mit Pfiff

Eine etwas ungewöhnliche Grünteemischung mischt man aus 50 g Sencha China, 10 g zerkleinerten Pfefferminzblättern, 10 g Rosmarinnadeln, 10 g Jasminblüten und 10 g angestoßenen roten Pfefferkörnern. Einen Teel. davon mit einer Tasse nicht mehr kochendem, aber heißem Wasser übergießen, drei Minuten ziehen lassen und mit Palmkandis gesüßt genießen.

Fruchtiger Winter-Tee

25 g Hagebuttenschalen, 10 g Hibiskusblüten, 20 g getrocknete Apfelstücke, 10 g Rosenblüten, 10 g Orangenblüten, 10 g frisch gestoßener Anis, 20 g geschroteter Zimt, 10 g Thymian, 20 g Brombeerblätter, 20 g frisch gestoßener Fenchel und 10 g frisch gestoßene Nelken in einer großen Schüssel mit zwei Löffeln gründlich mischen und dann in einer gut schließenden Teedose aufbewahren.

Dieses orientalisch leckere Elixier passt optimal zu Eisdesserts oder zu einem Mokka.

Feiner Lavendelzucker

Eine feine Zubereitung mit den Lavendelblüten der letzten Saison ist hausgemachter Lavendelzucker. Hierfür ein gut schließendes Einmachglas schichtweise mit weißem Zucker und Lavendelblüten füllen. Gut verschlossen das Ganze 14 Tage durchziehen lassen und anschließend die Lavendelblüten mit dem Backsieb wieder aussieben. Das Aroma des Lavendels ist jetzt auf den Zucker übergegangen, sodass dieser als Dessertzucker verwendet werden kann.

Nusskrokant für die Nerven

Es gilt als erwiesen, dass Nüsse über Vitamine und andere Inhaltsstoffe verfügen, die für unsere Nerven sehr nützlich sind. Eine von vielen leckeren Möglichkeiten, etwas für die Nerven zu tun, ist die „Anwendung“ in Form von Nusskrokant. Das Rezept eignet sich u. a. für Hasel-, Erd-, Walnüsse, Mandeln, Cashewkerne. 300 g Zucker und 125 g Honig mischen und schmelzen. 100 g Butter hinzufügen und gründlich verrühren. Geröstete Erdnüsse, Walnüsse oder gestiftelte Mandeln untermischen und die Masse auf ein Backblech mit eingeöltem Backpapier fingerdick aufstreichen. Abkühlen lassen und mit einem scharfen Messer in mundgerechte Stücke schneiden.

Käsekuchen mit Lavendel

So können Sie Ihren hauseigenen Käsekuchen etwas aufpeppen: Verwenden Sie für den Käsebelag neben Zitronenaroma einmal einen Lavendelauszug, indem Sie drei Essl. Lavendelblüten in drei Essl. kochendem Wasser 15 Minuten ziehen lassen. Diesen Lavendelsud mit zwei Essl. Lavendelhonig unter den Schichtkäse rühren.

Hexen-Kekse mit Kräutern

150 g Butter oder Margarine, 100 g Zucker, 400 g Mehlmischung (zwei Teile Weizen- und ein Teil Dinkelmehl), ein Teel. Backpulver, zwei Eigelbe und drei bis vier Essl. kaltes Wasser werden zu einem Mürbteig geknetet. Zum Schluss kommen zwei bis drei Essl. Kräuter der Provence hinein. Der zur Kugel geformte Teig sollte etwa eine Stunde im Kühlschrank ruhen. Für den Belag werden zwei Eiklar zu Schnee geschlagen, 200 g gemahlene Haselnüsse und 200 g Puderzucker kommen dazu. Nach dem Auswellen und Ausstechen be-

Nach Belieben die Hexen-Kekse mit ganzen Haselnüssen dekorieren.

kommt jeder Keks einen Klacks dieser Mischung in die Mitte. Die Backzeit beträgt im vorgeheizten Ofen ca. 10–15 Minuten bei 180 °C.

Honignüsse aus dem Glas

Sie sind eine leckere Zugabe zu Müsli, Joghurt oder Eis. Dazu 400 g gemischte Nüsse (Mandeln, Walnüsse, Haselnüsse u.a.) mit zwei Rosmarinzweigen und drei Stängeln Lavendelblüten in Gläser füllen. Die Nüsse vorher in einer trockenen Pfanne leicht anrösten – dabei nicht anbrennen lassen.
500 g dünnflüssigen Honig mit vier Essl. Zitronensaft (frisch gepresst!) verrühren und über die Nussmischung gießen. Mit Schraubdeckeln verschließen. Kühl und dunkel aufbewahrt halten die Honignüsse ca. drei Monate.

Brot mit Spezial-Kräutermischung

Einen viertel Liter lauwarme Milch mit fünf Essl. Keimöl, einem Teel. Zucker, einem Teel. Salz, 500 g Mehl, einem Ei und 30 g zerbröselter Hefe in eine Schüssel geben und mit dem Knethaken verkneten.
Zuletzt eine geschälte, feingehackte Zwiebel und zwei Essl. „Brotkräuter" (Petersilie, Brennnessel, Kamille, Liebstöckelblätter, Koriander, Wacholderbeeren, Kümmel, Senfkörner, Anis, Fenchel, Schabzigerklee) darunter kneten. Den Teig gehen lassen, in eine gefettete Kastenform von ca. 30 cm Länge legen und nochmals gehen lassen. Mit Dosenmilch

Aus dem Teig lassen sich auch Brötchen backen – hmm, wie das duftet!

bestreichen und in dem auf 175–200 °C vorgeheizten Ofen 40–50 Minuten backen.

Bananenkonfitüre „1001 Nacht"

Dieses Rezept eignet sich besonders für überreife, nicht mehr ganz so ansehnliche Bananen. 1 kg Bananen zu Mus zerdrücken, den Saft von drei Zitronen mit drei Essl. Rum verrühren und mit 400 g Zucker, einem Päckchen Geliermittel, einem Teel. gemahlenen Zimt, je einer Messerspitze gemahlenem Piment, Kardamom und Muskat in einem großen Topf unter Rühren drei Minuten lang aufkochen. Wer möchte gibt noch das ausgeschabte Mark von einer halben Vanillestange dazu. Die heiße Konfitüre in Gläser abfüllen.

Gesundheits- & Kosmetiktipps

Anti-Depressions-Tee

Auf 100 g berechnet, brauchen Sie: 20 g Zitronenmelisse, 40 g Johanniskraut, 10 g Baldrian, 10 g Rosmarin und 20 g Weißdornblüten (alles trocken). Man nimmt pro Tasse einen Teel. dieser Kräutermischung, übergießt sie mit kochendem Wasser und lässt das Ganze fünf Minuten ziehen. Im Winterhalbjahr über mehrere Wochen ein- bis zweimal täglich trinken.

Erkältungstee

20 g Eibisch, 10 g Fenchel, 20 g Thymian, 20 g Holunder, 20 g Lindenblüten. Gut durchmischen, 1 Esslöffel pro Tasse, 5 Minuten ziehen lassen. Dieser schweißtreibende und schleimlösende Tee ist zur Unterstützung bei allen üblichen Erkältungskrankheiten, er ist jedoch nicht für die Anwendung bei einer echten Virusgrippe geeignet.

Hilft bei festsitzendem Husten – Bronchial-Tee

Bronchial-Tee

20 g Thymian, 10 g Eibisch, 20 g Spitzwegerich, 10 g Schlüsselblumen, 10 g Anis, 20 g Salbei und 10 g Klatschmohn gut mischen. Man nimmt einen Essl. pro Tasse und lässt ihn fünf Minuten ziehen. Dies ist ein Tee, dessen Heilwirkung besonders bei einem festsitzenden Husten zur Geltung kommt.

Wirksamer Magenbitter

Je 2 g getrockneter Salbei, Angelikawurzel und Pfefferminze werden mit 3 g frisch gestoßenem Anis, zwei Sternanisen und sieben gestoßenen Korianderkapseln in eine Flasche gegeben und mit einem halben Liter Schnaps aufgefüllt. Nach zwei bis drei Wochen Reife wird die Flüssigkeit abfiltriert und mit einem Sirup, hergestellt aus 300 g Zucker und 80 ml Wasser, gemischt. Zurück in eine Flasche füllen und noch einmal 14 Tage reifen lassen.

Haarspülungen mit Kräutern

Für Haarspülungen zur Pflege von Haar und Kopfhaut eignen sich Brennnessel, Birkenblätter, Klettenwurzeln, Kamillen, Pfefferminze und Huflattich. Man bereitet aus diesen Kräutern einen starken Tee, gibt die Spülung auf das frisch gewaschene Haar und massiert diese leicht ein. Nicht mehr ausspülen.

Spülung bei trockenem Haar

20 g getrocknete Brennnesselblätter mit einem halben Liter kochendem Wasser überbrühen und drei Stunden lang durchziehen lassen. Dann abseihen, die Blätter dabei gut ausdrücken, mit einem viertel Liter Obstessig vermischen und gut verschlossen aufbewahren. Eignet sich zum Einmassieren in die Kopfhaut.

Gesichtswasser mit Arnika

Arnika-Tinktur bekommen Sie in der Apotheke sowie auch Rosenwasser und Orangenblütenwasser.
50 g Rosenwasser und 50 g Orangenblütenwasser werden gemischt und in einem Porzellantiegel leicht erwärmt, damit sich 5 g Bienenhonig darin lösen kann. Nach dem Abkühlen geben Sie zu dieser Mischung noch zwei Teel. Arnika-Tinktur und haben so ein pflegendes Gesichtswasser speziell für trockene und leicht entzündliche Haut.

Gegen unreine Haut

10 g Thymiankraut und 5 g Salbeiblätter werden gemischt und mit 20 g destilliertem Wasser und 40 g Alkohol (96 % Vol.) übergossen, zwei Tage verschlossen ausgezogen und anschließend durch einen Kaffeefilter filtriert. In 10 ml Alkohol (96 % Vol.) drei Tropfen Thymianöl und zwei Tropfen Rosmarinöl auflösen und zu dem wässrigen Auszug geben. Gut schütteln und in einer dunklen Flasche lagern. Das Gesichtswasser mittels Wattebausch auftragen, trocknen lassen.

Echte Kamille – für eine Haarspülung

Heublumenbad

Bei einem Einkaufsbummel durch die Kaufhäuser sollten Sie immer einen Blick auf die Preise der Waschhandschuhe werfen.
Denn: Ein Waschhandschuh wird mit 100 g Heublumen gefüllt und fest zugebunden. An dieses Säckchen bringt man noch eine größere Schlaufe aus Schnur an. Mit ihr wird das Heublumensäckchen in das einlaufende Badewasser gehängt, sodass der Wasserstrahl durch die Kräutermischung fließt und die Kräuter dadurch auszieht. Ein Heublumenbad ist bei Stoffwechselstörungen, körperlicher Abgespanntheit und nach einem Spaziergang durch die kalte Winterluft zu empfehlen. Heublumensäckchen können, im trockenen Zustand erhitzt, auch zur Wärmetherapie bei Neuralgien und Entzündungen verwendet werden.
Achtung: Dieser Badezusatz aus Heublumen ist nicht für Menschen mit Heuschnupfen geeignet.

Blass ist gesund

Gönnen Sie sich im Winter eine „vornehme Blässe“! Das ist für Ihre Haut gesünder. Durch künstliche Bräune altert die Haut. Vermeiden Sie deshalb ungeschützte Sonnenbäder!

Kräuterseife selbst gemacht

25 g Blüten oder Blätter (Lavendel, Ringelblumen, Rosen – frisch oder getrocknet) in 300 ml destilliertes Wasser geben, aufkochen, 15 Minuten ziehen lassen, dann abseihen. Weitere 10 g Blüten mit 100 ml Weizenkeimöl in ein Glas geben und im Wasserbad 30 Minuten bei 80 °C ziehen lassen (oder 14 Tage auf der Fensterbank stehen lassen), abseihen und abkühlen lassen.

Sehen äußerst dekorativ aus – selbst gemachte Kräuterseifen

5 g Bienenwachs schmelzen, 170 g geschabte Kernseife und dann den Aufguss einrühren und das Ganze aufkochen. Das Blütenöl mit einigen getrockneten Blüten in diesen Aufguss einrühren und etwas abgekühlt in Förmchen gießen und fest werden lassen.

Anregender Badezusatz

Für ein aufheiterndes Bad verrühren Sie fünf Tropfen Orangenöl, drei Tropfen Jasmin- oder Ylang-Ylang-Öl und zwei Tropfen Lavendelöl mit einem halben Becher Süßer Sahne. Diese Mischung geben Sie zu einem neutralen Schaumbad in das einfließende Badewasser. Wenn Sie in der Wanne liegen, schließen Sie Ihre Augen und Sie werden den Sommer unter südlicher Sonne riechen. Ein Bad, um die Seele „baumeln“ zu lassen.

Wärmendes Fußbad

Hier noch ein Tipp für alle Menschen mit kalten Füßen aufgrund von Durchblutungsstörungen: Probieren Sie einmal ein Fußbad mit zwei Essl. Meersalz und 10–15 Tropfen Rosmarinöl, in zwei Essl. Milch verrührt. Die durchblutungsfördernde Wirkung dieses ätherischen Öls wird sich bemerkbar machen.

Besonderes Ölbad

20 g Jojobaöl mit drei ätherischen Ölen (zwei Tropfen echtes Rosenöl, drei Tropfen ätherisches Ylang-Ylang-Öl, drei Tropfen Rosmarinöl) mischen und zum Schluss mit einem Eigelb (wirkt als

Emulgator) verrühren. Rasch dem Badewasser zusetzen. Lassen Sie sich überraschen!

Ringelblumen-Creme

Über einem Wasserbad zunächst 15 g Bienenwachsrotuli und 75 g wasserfreies Wollfett schmelzen. Wenn alle Bestandteile zu einer goldgelben und transparenten Flüssigkeit geschmolzen sind, das Ganze etwas abkühlen lassen, ohne dass das Wachs allerdings wieder fest zu werden droht. Nun 150 g Ringelblumenöl leicht erwärmen und es dann unter das flüssige Fett-Wachs-Gemisch rühren, bis es sich gleichmäßig darin verteilt hat. Jetzt 120 g Rosenwasser tropfenweise in die Fettgrundlage einarbeiten. Ganz zum Schluss gebe ich zwei Tropfen ätherisches Duftgeranienöl oder Ingweröl zu, um die ganze Spezialität abzurunden.

Rosenöl-Creme

10 g fettes Wildrosenöl mit 50 g Wollwachsalkohol-Salbe verrühren bis eine homogene Masse entstanden ist. 40 g Rosenwasser bei Zimmertemperatur tropfenweise zufügen und weiterrühren, bis die gesamte Flüssigkeit emulgiert ist. Zum Schluss zwei Tropfen echtes Rosenöl einrühren. In eine saubere, gut schließende Salbendose füllen und möglichst bei Zimmertemperatur lagern.

Duftkerzen selbst herstellen

Kerzenreste schmelzen wir in einem Wasserbad und entfernen die Dochtreste. Diesem Restkerzenwachs setzen wir, nachdem es etwas abgekühlt aber noch gießfähig ist, beliebige Parfümöle tropfenweise zu und füllen es mit einem Docht versehen in mit Paraffin ausgepinselte Kunststoffgefäße oder Kerzenformen wie Töpfe.

Ringelblume – *Calendula officinalis*

Aromatherapie im Kinderzimmer

In einem Kinderzimmer ist es immer höchstgefährlich Duftlampen zur Aromatherapie zu verwenden. In diesem Fall empfehle ich in den erkältungsreichen Wintertagen die Wasserbehälter an der Heizung, die eigentlich dazu dienen sollen, die trockene Luft im Raum zu befeuchten, mit dem entsprechenden ätherischen Öl zu versetzen. Auf diese Weise schlagen wir zwei Fliegen mit einer Klappe. Feuchte Zimmerluft beruhigt gereizte Atemwege und die heilsame „Seele der Pflanzen“ hilft zusätzlich.

Ätherische Öle verwenden

Bei der Herstellung von Potpourris oder Gewürzmischungen mit ätherischen Ölen muss unbedingt darauf geachtet werden, dass die Arbeitsutensilien wie Schüssel, Schaufel und Aufbewahrungsgefäße aus geruchsneutralen Materialien, wie z. B. Edelstahl, Keramik oder Steingut, bestehen. Für ätherische Öle sollten jeweils separate und gekennzeichnete Pipetten benutzt werden.

Stimmungsaufheller Orangenöl

Mit orangefarbenen Blüten sollten sich alle diejenigen umgeben, die zu depressiven Verstimmungen neigen, denn diese Farbe wirkt stimmungsaufhellend. Auch der Duft von ätherischem Orangenöl wirkt wohltuend. Manche Reinigungsmittel sind mit echtem Orangenöl parfümiert. Damit tun Sie beim Putzen etwas für Ihre gute Stimmung.

Duftendes Potpourri

20 g ganze Blätter der Verbene, 20 g Rosenblüten, 10 g Römische Kamillenblüten, 10 g Ringelblumenblüten, 20 g Zitronengras und 20 g Lavendelblüten werden mit einem halben Teelöffel gemahlener Iriswurzel vermischt. Je fünf Tropfen Melissen-, Lavendel- und Duftgeranienöl darauf verteilen und eine Woche in einer gut schließenden Dose einwirken lassen. Dieses Potpourri kann jederzeit mit ätherischen Ölen aufgefrischt werden.

Räucherstoffe im Haus

In den letzten Jahren hat sich eine alte Methode der Raumreinigung wieder herumgesprochen. Schon die alten Kulturen in der Antike und in der Neuen Welt kannten die Räucherungen mit duftenden Harzen und Pflanzen um die Geister wohlgesonnen zu stimmen und schlechte Energien und Krankheiten zu vertreiben. An der Nachfrage nach Weihrauch,

Räucherstoffe können gezielt zum Stimmungswandel eingesetzt werden.

Myrrhe, Sweetgras, Sandelholz u.a. erkenne ich, dass auch in der heutigen Zeit so mancher „böse Geist“ vertrieben werden muss.

Ein Kräuterschlafkissen

20g Anis, 20g Kamillenblüten, 40 Hopfenzapfen, 30g Thymian, 10g Salbeiblätter, 20g Baldrianwurzeln, 30g Pfefferminze, 20g Wohlriechendes Eisenkraut (Verbene), 20g Basilikum, 30g Lavendelblüten, 60g Heublumen werden mit einem Essl. Iriswurzel gemischt. Zu dieser Mischung gibt man fünf Tropfen Ylang-Ylang-Öl und lässt das Ganze eine Woche lang in einem gut schließenden Behältnis reifen. Danach füllt man diese beruhigende Kräuterkombination (alles Trockenkräuter) in einen ca. 30 x 20 cm großen Kissenbezug aus Baumwolle. Die Wirkung der Kräuter hält etwa ein halbes bis ein Jahr an.

Duftende Weihnachtsgrüße

Wie wäre es zu Weihnachten mit einem Geschenkset aus 1001 Nacht? Alles, was Sie dazu benötigen, ist ein Samtsäckchen, gefüllt mit den Aromen des Orients: Nelken, Muskat, Kardamom, Zimt, Ingwer, Sternanis, Piment und Pfeffer. Mit einer Anleitung von Hand auf ein edles Papier geschrieben, bekommt ein solches Geschenk eine ganz persönliche Note.

Heilende „Erkältungssteine“

Moosachat wirkt immunstärkend, fiebersenkend, entzündungshemmend, schleimbildend und hilft bei Lymphknotenschwellungen.
Ein Smaragd heilt besonders Entzündungen der Nebenhöhlen und der oberen Atemwege, er wirkt entgiftend, stärkt ebenfalls das Immunsystem und fördert die Genesung von Infektionskrankheiten.

Der Moosachat ist der klassische „Erkältungsstein“.

Weiße & klare Mineralien

Sie nehmen keine Farbe an, sondern reflektieren eine andere und verhalten sich im übertragenen Sinn neutral. Klare und weiße Mineralien wie Bergkristall und Diamant wirken als Verstärker in der Kombination mit Farbsteinen. Sie fördern Klarheit, Reinheit, Neutralität und Selbsterkenntnis. Die körperlichen Anwendungsgebiete sind Kälteempfinden, Schwäche und Gefühllosigkeit.

Gegen Angst & Depression

Der auch „Kreuzstein“ genannte Chiastolith wirkt stark beruhigend bei Nervosität, Ängsten und Schuldgefühlen und hilft besonders gegen die Angst, verrückt zu werden. Er stärkt die Nerven und hilft bei Schwächezuständen.
Der Sonnenstein ist der klassische „Pessimisten-Stein“. Er erinnert äußerlich an die Strahlen der Sonne. Er bringt Lebensfreude zurück, fördert Optimismus und Tatendrang und harmonisiert einen aus dem Lot geratenen Organismus.

Die in diesem Buch besprochenen und dargestellten Produkte sind Erzeugnisse der Kräuterhexe. Ein Großteil davon ist in ihrem Hexenladen erhältlich.

Kräuterhexe
Frau Gabriele Bickel
Pfinztalstraße 54
76227 Karlsruhe
Tel.: 07 21/7 91 82 10
Fax: 07 21/7 91 82 11
www.kraeuterhexe-galerie.de

Gabriele Bickel hat nach einer Ausbildung zur Apothekenhelferin und anschließend Pharmazeutisch-Technischen Assistentin Grafik und Design studiert. Nach der Geburt ihrer Tochter beschäftigte sie sich mehr und mehr mit Kräutern und Gewürzen sowie ihrer Anwendung. 1993 eröffnete Frau Bickel ihren ersten Kräuterhexenladen, 1996 kam der zweite im Kloster Maulbronn dazu.

Sowohl durch ihre Bücher als auch ihre Auftritte in Funk und Fernsehen ist die „Sternenfelser Kräuterhexe“ weit über die Grenzen ihrer baden-württembergischen Heimat hinaus einem großen Publikum bekannt.

Alle Mengenangaben ohne Gewähr.
Mischungen können unterschiedliche Intensitätsergebnisse haben.

In diesem Buch werden Hinweise zur Naturheilkunde gegeben. Nur auf die beschriebenen Arten trifft die angegebene Verwendung zu, ihr Gebrauch setzt daher ihre sichere Kenntnis voraus.
Heilpflanzentees sollten immer nur beschränkte Zeit und nicht länger als nötig eingenommen werden, auch Hausteemischungen sollte man öfter mal wechseln.
Verschiedene Kräuter wie Rosmarin und Salbei dürfen nicht während der Schwangerschaft eingenommen werden.
Behandelt werden dürfen nur leichtere Gesundheitsstörungen, die keiner ärztlichen Behandlung bedürfen. Den Arztbesuch kann dieses Buch auf keinen Fall ersetzen!

Register

Fette Seitenzahlen verweisen auf Abbildungen.

Bildnachweis

Mit 94 Farbfotos von:
Edition Phoenix (J. Schneider/M. Will), Malsburg: S. 57;
Norbert Fasching, Gärtringen: S. 39 oli, 64;
Flora Press, Hamburg: S. 17, 30, 36/37, 44 uli, 46/47, 49, 102, 103, 104, 112;
Botanik-Bildarchiv Laux, Biberach/Riß: S. 10/11, 15, 20, 22, 31, 43, 63, 69, 70, 78 o, 91, 99 o, 99 u, 105, 111;
Wolfgang Redeleit, Bienenbüttel: S. 13, 18, 38, 72, 96;
Reinhard-Tierfoto/Hans Reinhard, Heiligkreuzsteinach-Eiterbach: S. 2/3, 16, 19, 26, 41, 44 ore, 65, 66/67, 68, 74, 83, 82, 85, 94/95, 97, 98, 101, 106, 113;
Reinhard-Tierfoto/Nils Reinhard, Heiligkreuzsteinach-Eiterbach: S. 32, 39 ure, 42, 71;
Ralf Roppelt, Ludwigsburg: S. 7, 12, 14, 24, 25, 27, 28, 29, 33, 35 oli, 35 ure, 40, 50, 52, 53, 54, 55, 59, 60, 61, 62, 73, 75, 76, 78 u, 80, 84, 86, 87, 88, 90, 93, 107, 108, 110, 114, 115, 116.

Mit 13 Farbzeichnungen von:
Ruth Fritzsche, Offenburg: S. 1, 5, 9, 21, 23, 34, 45, 48, 56, 58, 79, 92, 109.

Vignette bei den Seitenzahlen:
DEMA 1st Division GmbH, Leonberg

Alle Angaben in diesem Buch sind sorgfältig geprüft und geben den neuesten Wissensstand bei der Veröffentlichung wieder. Da sich das Wissen aber laufend und in rascher Folge weiterentwickelt und vergrößert, muss jeder Anwender prüfen, ob die Angaben nicht durch neuere Erkenntnisse überholt sind. Dazu muss er zum Beispiel Beipackzettel lesen und genau befolgen, sowie Gebrauchsanweisungen und Gesetze beachten.

Die Rechtschreibung der deutschen Pflanzennamen ist nicht eindeutig geregelt. Auch jede Art der Schreibung ist möglich, die Sie sowohl in Fach- als auch in populärwissenschaftlichen Büchern finden werden.

Impressum

Umschlaggestaltung von Atelier Reichert, Stuttgart, unter Verwendung zweier Fotos von Gartenschatz, Stuttgart (Hintergrundbild) und Reinhard-Tierfoto/Hans Reinhard (Ölflaschen)

KOSMOS Postfach 106011
D-70049 Stuttgart
TELEFON +49 (0)711-2191-0
FAX +49 (0)711-2191-422
WEB www.kosmos.de
E-MAIL info@kosmos.de

Gedruckt auf chlorfrei gebleichtem Papier.

Bibliografische Informationen der Deutschen Bibliothek
Die Deutsche Bibliothek verzeichnet diese Publikation in der Deutschen Nationalbibliografie; detaillierte bibliografische Daten sind im Internet über http://dnb.ddb.de abrufbar.

ISBN 3-440-09961-X
Lektorat & Bildredaktion: Christiane Theis
Textredaktion: Norbert Fasching
Produktion: DOPPELPUNKT
Auch & Grätzbach GbR, Leonberg
Grundlayout: Atelier Reichert, Stuttgart
Pinted in the Slovak Republic/
Imprimé en République Slovaquie

KOSMOS

Altes Kräuterwissen

Gartentipps aus dem Erfahrungsschatz der Kräuterhexe

Mein Kräuterhexen-wissen
ISBN 3-440-09404-9
€ 14,90; €/A 15,40, sFr 25,80

Meine Kräuterhexen-gesundheit
ISBN 3-440-07634-2
€ 7,50; €/A 7,80, sFr 13,50

Mein Kräuterhexengarten
ISBN 3-440-08033-1
€ 14,90; €/A 15,40, sFr 25,80

Liköre und Schnäpse von der Kräuterhexe

124 S., 171 Abb., geb.
ISBN 3-440-08877-4
€ 12,90; €/A 13,30, sFr 22,60

Aromatische Fruchtliköre, wohltuende Kräuterschnäpse und energetische Edelstein-Elixiere – all diese heilkräftigen Getränke kann man auch zu Hause ganz leicht selbst herstellen und genießen. Gabriele Bickel verrät allerlei über ihre bewährten und schmackhaften Geheimrezepte.

Meine Kräuterhexengeheimnisse

156 S., 254 Abb., geb.
ISBN 3-440-09177-5
€ 12,90; €/A 13,30, sFr 22,60

Die allerbesten Rezepte der Kräuterhexe für Gesundheit und Wohlbefinden. Vom Anbau und der Verwendung von Kräutern über Schönheitstipps bis zur hohen Kunst der Kräuterhexe: das Heilen mit Kräutern und Heilsteinen. Die richtige Wahl für alle, die sich in unserem hektischen Alltag etwas Gutes tun wollen.

www.kosmos.de

Preisänderung vorbehalten

neu entdecken

Die Kosmos Kräuterhexe

Kräuteröl, Essig und Salz von der Kräuterhexe

124 S., 113 Abb., geb.
ISBN 3-440-09358-1
€ 12,90; €/A 13,30, sFr 22,60

Wollen Sie wissen, mit welchem Tee Sie Erkältungen vorbeugen? Oder wie Sie ganz leicht Ihre eigenen Kräuteröle ansetzen? Ob heilende Kräutertees, köstliches Kräuteröl, leckere Pasten, feiner Kräuteressig oder originelle Gewürzmischungen – die Kosmos Kräuterhexe gibt Ihre geheimen Rezepturen weiter und sagt Ihnen, welche Geräte und Hilfsmittel Sie in Ihrer Kräuterküche brauchen.

Schon seit vielen Jahrhunderten können Wild- und Gartenkräuter wahre Wunder wirken. Ihre geheimnisvollen Kräfte haben Kräuterfrauen in traditionellen Rezepten gebündelt. Auch heute noch liefert die Natur die besten Ideen für harmonische Augenblicke Tag für Tag. Und dieses Wissen teilt die Kosmos Kräuterhexe jetzt mit uns.

Diese Produkte sind im Naturkost-Fachhandel erhältlich. Bezugsquellen erfahren Sie bei der

U. Walter GmbH
49342 Diepholz
Kunden-Service-Telefon:
05441 / 9856-203

KOSMOS

Erlebnis Garten

So wächst das Glück!

Europäische Züchter und namhafte Rosenkenner zeigen, dass Rosen keine schwierigen Divas sind, die nur von erfahrenen Gärtnern gepflegt werden können. Die Sorten in diesem Buch sind pflegeleicht, sehr gesund und auch für Einsteiger und kleine Gärten bestens geeignet.

▸ Extra: Rosen für Balkon und Terrasse!

Wolff/Throll (Hrsg.)
Das Kosmos Handbuch Rosen

256 Seiten
über 800 Abbildungen
gebunden

ISBN 3-440-09847-8

€ 24,90
€/A 25,60; sFr 42,–

Jahrzehntelange Erfahrungen verschiedener Gartenexperten wurden in diesem umfassenden Praxisbuch zusammengefasst. Das komplett neue Buch beantwortet alle Fragen rund um Zier-, Nutz- und Wassergarten. Mit allen wichtigen Gartenpflanzen, aktuellen Informationen sowie wertvollen Profi-Tipps.

▸ Der Gartenklassiker!

Wolff/Throll (Hrsg.)
Mein schöner Garten Das Kosmos Garten-Handbuch

288 Seiten
ca. 850 Abbildungen
gebunden

ISBN 3-440-09627-0

€ 24,90
€/A 25,60; sFr 42,–

www.kosmos.de

Preisänderung vorbehalten